LOGICAL
THINKING

从零开始
学逻辑

［日］久保田康司　著

熊孟华　译

中国科学技术出版社
·北 京·

Original Japanese title: TSUKAU! LOGICAL THINKING

Copyright © Yasushi Kubota 2021

Original Japanese edition published by Nippon Jitsugyo Publishing Co., Ltd.

Simplified Chinese translation rights arranged with Nippon Jitsugyo Publishing Co., Ltd.

through The English Agency (Japan) Ltd. And Shanghai To-Asia Culture Co., Ltd.

北京市版权局著作权合同登记 图字：01-2022-1717。

图书在版编目（CIP）数据

从零开始学逻辑 /（日）久保田康司著；熊孟华译
. —北京：中国科学技术出版社，2022.6

ISBN 978-7-5046-9588-8

Ⅰ.①从… Ⅱ.①久… ②熊… Ⅲ.①逻辑学 Ⅳ.
① B81

中国版本图书馆 CIP 数据核字（2022）第 072410 号

策划编辑	申永刚　王　浩	
责任编辑	杜凡如	
封面设计	马筱琨	
版式设计	蚂蚁设计	
责任校对	焦　宁	
责任印制	李晓霖	

出　　版	中国科学技术出版社	
发　　行	中国科学技术出版社有限公司发行部	
地　　址	北京市海淀区中关村南大街 16 号	
邮　　编	100081	
发行电话	010-62173865	
传　　真	010-62173081	
网　　址	http://www.cspbooks.com.cn	

开　　本	880mm×1230mm　1/32	
字　　数	150 千字	
印　　张	7.25	
版　　次	2022 年 6 月第 1 版	
印　　次	2022 年 6 月第 1 次印刷	
印　　刷	北京盛通印刷股份有限公司	
书　　号	ISBN 978-7-5046-9588-8/B·90	
定　　价	59.00 元	

逻辑是什么？——联结、分离、组合

拿起这本书，大多数读者已经认识到逻辑思维的重要性。顾名思义，《从零开始学逻辑》是一本能够让你不再担心自己无法掌握逻辑思维的书，也是一本为了让你从学习逻辑思维到顺利使用而专门撰写的书。

不擅长逻辑思维的人往往有两个共同点：一是他们眼下的工作过于忙碌，没有时间思考事情的逻辑；二是他们觉得这样做很麻烦，自己只想过得轻松些。

关于第一点，即"没有时间"，确实，停下来思考，这件事需要花时间。想要学会用逻辑进行思考，就需要花时间读书或者参加各种学习，而如果不想花这种时间，那么用逻辑思考的机会便越来越少，也就更容易凭直觉来做决断。"按感觉走"可以省下思考的时间，所以忙碌之人自然也很容易根据直觉武断地做决定。关于第二点，即"只想轻松，不想麻烦"，的确，即便学习了逻辑思维，实际运用时依然会感到困扰。例如，工作中需要厘清逻辑时，你可能会想从过去的学习总结或者书籍中查找相关案例，却根本不知道从何找起，于是越发觉得烦闷；再或者，当你想要通过搜索关键词来整理线索时，却得到大量的检索结果，不知该从哪看起。结果就是，很多人觉得这样做过于麻烦，直接选择放弃。实际上，思考本身确实会花费精力，"思前想后"也会让大脑觉得疲劳，于是很多人就想尽办法避免劳心费神。为了让有这些想法的读者能够更轻松地阅读，在撰写这本书时，我尤其注意了以下两点：

可以从自己感兴趣的任意章节内容开始阅读

阅读本书时，不需要按顺序从头到尾，例如你曾被说"不知道你到底想要表达什么"，那就可以试试马上翻到"如何不再被说'你到底想要表达什么'"这一节。总之，你可以直接跳到自己感兴趣的章节开始阅读。

用日常生活事例来模拟逻辑思维的场景

本书中出现的事例，大多是生活中常见情景的再现，也许你读起来会感同身受。正文中的叙述尽量没有使用专业术语，逻辑术语的解读都放在了另外的专栏介绍中。阅读正文时，如果你对某个具体的逻辑思维工具或法则感兴趣，可以在专栏中详细了解。

撰写这本书的目的是希望所有读者读完它能够觉得"原来逻辑思维如此简单实用"。虽然有人会想"即便你这么说，但还是很难吧"，但其实只要掌握了"联结""分离""组合"这三种思考方法，就能让逻辑思维变得更简单。

　　所谓"联结"，就是将相似的事物串联起来，例如观点、论据、数据的串联，因果串联等。在第一章第七节以及第二章和第五章中，都会对此进行解释；所谓"分离"，就是将各种信息整理分类，这一点会在第三章和第五章中进行说明；所谓"组合"，就是将各种信息中可以得出的结论以及自己想说的内容组合在一起，这个部分会在第四章中进行说明。只要学会了这三种思考方法，你便能掌握逻辑思维。

　　其实以前的我完全不是一个有逻辑性的人，但是通过学习和反复思考实践，我现在觉得自己或许成了比很多人更擅长逻辑思维的人。希望有更多人以这本书为契机，掌握逻辑思维，为成为"社会人"打下更坚实的基础。

目录

写在最后

当"逻辑思维"行不通时，你该怎么办

LOGICAL
THINKING

第一章

做好学习逻辑思维的准备

什么是逻辑思维

听到"逻辑思维"这个词，你会有怎样的想法呢？可能很多人会说，"虽然不太了解，但感觉很难"。如何有逻辑性地思考、发言，不少人会为此困扰。"你能不能说得更简洁明了呢？"许多人被这么一说，顿时就感觉大脑一片空白，相信有类似体验的人不在少数。

至今为止，我在研讨会和企业培训等活动中，做过很多关于培养逻辑思维的讲座，最常听到的一句话就是"我实在是不擅长逻辑思维"。"那不擅长逻辑思维具体又指的是什么？"每当我这样反问，几乎没有人能给出回答，这是为什么呢？

溯其根本，"逻辑思维"注重的是"逻辑性"，简单地说就是"话说得通"。话说得通好比路走得通，而路要走得通，就要路路相连。所以，要想做到话说得通，就要做到前后关联。关于这部分我将在本章的第七节做具体说明。换言之，想要思维有逻辑性，就需要将事物串联起来——例如词语与词语的串联，或是句子与句子的串联。

培养逻辑思维，并不是让你随意将事物串联，而是要遵循一定的思维法则。运用逻辑思维指的就是让自己说的话能够有条理地串联起来，符合思维法则。这里说的"思维法则"，在不少书籍和专家讲座中都有过详尽的解释，相信你们中的有些人已经读过听过了。

但即便如此，为什么还有这么多人觉得自己不擅长逻辑思维呢？这是因为这些"思维法则"虽然被很多人理解了，但实际上却没有很好地被运用到具体的场景中。不按照"思维法则"进行思考就会变成"自我逻辑"，因而无法使对方理解你的意思，于是，很多人也对运用逻辑思维这件事越来越抵触。

关于"思维法则"，在许多书籍中介绍了很多类型，作为逻辑思维的必要法则，本书中提到的"三角逻辑法""MECE""框架法"等应该已经足够了。学会使用这些工具或法则，就能克服自己对能否掌握逻辑思维的惶恐。

如果你想让自己的演示说明简洁、易懂，可以尝试利用"三角逻辑法"——它由"观点""论据""数据（或事实）"三部分构成。关于"三角逻辑法"的具体内容会在本书第二章的第一节进行说明，使用这个法则，能让对方更好地理解你想要表达的内容。

我们来看一个没有使用思维法则的案例。登场人物是多业务线融合的A公司销售部员工田中先生（后文简称为田中）和近藤科长。

场景 ▶ 关于明年活动方案的建议

田中："近藤科长，明年的活动，我们邀请顶流偶像团体'ABC48'来参加如何？"

近藤："田中，你为什么会觉得请'ABC48'合适呢？"

田中："科长，您不知道'ABC48'吗？她们可是国民级的偶像团体！"

近藤："请'ABC48'来做活动，我们公司的销售额真的能增加吗？"

田中："那当然了！大家都知道'ABC48'，要是请了她们，我们公司的知名度也会水涨船高！"

近藤："我倒不是很熟悉她们，她们真的很有名吗？"

田中："有名！不知道她们才奇怪呢！"

近藤："除了'ABC48'，难道没有其他可用的艺人作为备选吗？"

田中："现在这时候，肯定是请'ABC48'来最好啊！"

近藤："……"

上面的这段对话算是有效对话吗？田中的发言中只有自己的观点，并没有论据和数据，言语间也没有相互关联。想要邀请'ABC48'这个想法本身并没有问题，但为什么要在公司的这个活动中邀请'ABC48'，田中则必须要给出能够说服对方的论据。

不仅需要给出论据，还要提供可以支撑论据的客观数据——想要说服对方，就必须将"观点""论据""数据"三部分串联起来。

那么，下面的这段对话如何？近藤科长和田中正在讨论今年的销售计划。

场景 ▶ 关于今年销售计划的讨论

近藤："田中，今年的销售计划能完成吧？"

田中："科长，能完成！当然能完成！"

近藤："但是现在只完成了六成，剩下的两个月能完成四成的销售额？"

田中："是的，我准备拜访所有的客户，最后冲刺一下。"

近藤："这个最后冲刺，具体准备做什么呢？"

田中："总之就是拜托他们都来购买商品。"

近藤："这样真的没问题吗？"

田中："嗯！作为销售，不厌其烦地拜访客户尤其重要！"

近藤："你真的确定自己能完成全年的销售额吗？"

田中："嗯！我对自己的体力和毅力都很有自信，总之我会努力的！科长不也常说，锲而不舍的精神很重要！"

近藤："……"

你看出来了吗？这段对话中，近藤科长并没有被田中说服。田中的观点只是单纯的"根性论"①，除了传达出气势，别无其他。其问题在于，田中的方案一味强调气势和"坚持"，而在销售额能否按计划完成这件事上，他并没有任何解释。销售计划执行的时间只剩下两个月，但目标销售额却还有四成未达成，对此，首先要分析其中的原因，并在此基础上提出解决方案。要想解决问题，就要遵循解决问题的法则，从探求原因到提出对策，将这些步骤串联起来。

在上述的两个对话场景中，田中的思考方式、发言内容均与核心内容缺少关联性，所以无法得到对方的认同，近藤科长听完田中的话可能也在想，"他能不能说得合理一些""听不懂他想要说什么"。

学习逻辑思维，学会使用思维法则，才能让思维方式更具有逻辑性，有助于我们的工作和生活。

---

① 在日语中，指认为只要有不屈的精神（根性），就能解决所有问题的思考方式，属于精神论的一种。——译者注

人们为什么需要逻辑思维

逻辑思维不仅对商务人士很重要，也是几乎所有人都需要掌握的技能之一。可能有人会想："我从事的是创意相关的工作，如果按逻辑进行思考，就很难想出有趣的创意了。"但实际上，逻辑思维是我们每个人的必修课。只要不是待在无人岛上"与世隔绝"，我们就不可能不与他人进行交流，而一旦与他人接触，就会需要表达自己的想法，以及正确理解对方想表达的意思。

逻辑思维对于人们是不可或缺的，有以下几个理由（见图1-1）。

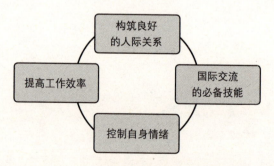

图1-1　关于逻辑思维必要性的四个理由

①构筑良好的人际关系

向他人准确表达自己想说的话，这件事往往比想象的要难。不擅长清晰地表达观点的人，很容易以"是他理解能力不够"为借口，将责任归咎于对方，然后越发不愿意再与对方进行沟通。

另外，作为聆听者，当对方的说明中有自己不理解的地方，准确地表达"哪里不理解"以及"为何不理解"也是非常重要的。不擅长这样指出问题的人，也很容易产生"完全不懂他到底想说什么"的想法，并逐渐不再愿意聆听对方的发言。

能够运用逻辑思维法则的人往往会思考如何让自己的话更容易被理解，所以他们无论跟谁交谈都会十分顺畅。而当对方的话比较难懂时，他们也能够指出对方的话具体是什么地方难以理解，可以边提问边确定对方的意图，因此通常也能顺利地理解他人想说的话。

②提高工作效率

在当今社会，工作方式改革的呼声日渐高涨，人们需要在有限的时间内取得更多的工作成果，而不能态度散漫、得过且过。在这点上，擅长逻辑思维的人每每遇到问题，便可以使用"框架法"（详见第三章第五节）进行分析思考，这种思维方式能节省很多时间，从而使他们高效率地完成工作。而不会使用"框架法"的人，则会想东想西，浪费不少时间。而且，那些花费了他们很多时间才得出的结论，最终往往没有说服对方，于是他们只能从头再来——时间就这样被浪费掉了。

以前，我每次提交报告书，都会被上司说不行，也重写过很多次。当时我还不明白到底是哪里有问题，如今回想起来，当时的报告书内容充满了主观臆断，而缺乏对事件理性的全方位的考察分析。如果那时的我掌握了逻辑思维，也就不会因为不得要领而屡次重写浪费那么多时间。

③控制自身情绪

掌握逻辑思维，还意味着能让自己在感情用事之前"悬崖勒马"，及时平复心情。这点跟前面提到的第一点可以联系在一起。所谓进行逻辑思考，就是指一个人能够冷静、客观地整理自己的思绪，即使他在某个瞬间有过于情绪化的感受，也可以及时控制好自己的情绪。

在当今的职场中，言语不当导致的问题不在少数。上司向下属传达信息时，可以尝试通过逻辑思维整理好自己的语言，从而避免对方因为自己说的话"受伤"。

同样，下属在向上司传递信息时，逻辑思维也可以发挥作用。尤其是对于那些凡事喜欢"找借口"的人，他们很容易将自己的想法脱口而出，而其上司则往往会因为不知道自己的下属到底想要表达什么而越发烦躁。正确使用逻辑思维，便可以避免在与上司的沟通中产生误会。

④国际交流的必备技能

在国际合作日益频繁的今天，国际沟通机会也越来越多，因此，准确传达自己的想法也是必备技能。在日本，人们会更多地考虑对方的处境立场，所以，相比于"单刀直入"，"拐弯抹角"的说话方式更被看作一种美德。然而，这样的委婉表达在与一些外国人的沟通中是不太适合的。

有一次，我去纽约旅行，在乘地铁时曾发生过这样一件事。我想买车票，但在车站里的示意图上，很多地方都贴着因施工无法通行的贴纸。于是，我问车站工作人员："这里到那里路线不通吗？"他则直接问我："你想去哪里？"我告诉他，自己想去某某车站。于是他说："那你就从这里上车，然后在这边换乘……"他十分仔细地向我说明了一番。

我也是在那个时候才注意到，不同国家的人在沟通方式上的差异——美国人会直接表达自己想说的和想知道的内容，而我则拐弯抹角地提出问题，让对方不知道我到底想说什么。

逻辑思维中一些必要的工具与法则，很多是能够在不同文化中共通的，以此为方法进行交流，往往也能加深人们对彼此的理解。

为什么有些人做不到学以致用

在现实生活中，有些人即使参加了逻辑思维的培训或讲座，也读了相关的书籍，却不能在实际工作中做到活学活用，这是为什么呢？我在讲座和培训中也问过很多人，总结出了五个常见的理由。

理由①：记住专业术语就觉得自己学会了

学习逻辑思维时，会遇到"归纳法""演绎法""MECE""框架法""金字塔原理""逻辑树"等术语，很多人只是记住了这些词语，却没有掌握它们的使用方法。

比如，有些人觉得"MECE"这个单词很好记，于是他们便假装自己很懂行，说出类似"应该更多地从MECE的角度考虑呀"这种话。而实际上，他们只是记住了"MECE"这个单词，而并不代表他们的思考更富有逻辑。"MECE"（第三章第三节）原则，即"不重不漏"，是把一些事物分成互斥的类别，并且不遗漏其中任何一个的分类方法，很多对"MECE"有过了解的人并没有做到从这两个重要的视角出发进行思考。

再比如"框架法"（第三章第五节）是在思考时遵循相关公式就能进行高效整理的优秀思维工具，但这样也很容易让人误认为只要自己遵循了某个公式，就能百战不殆、所向披靡。但是，世界上没有绝对的事物，所以不要被某个框架束缚，灵活思考是十分重要的。

理由②：周围的人缺少逻辑思维

"好不容易学习了如何使用逻辑思维，但是却跟上司根本说不通"，类似这样的话，我听过很多，也愿闻其详。有不少人曾经表示，就算自己跟上司有逻辑地进行说明，也会被斥责"别跟我说这些歪理""玩文字游戏是做不好工作的"等。

遗憾的是，不仅是上司，在同事或者后辈中，这样的人也非常多。这跟他们成长的环境、所属的组织文化以及自身的性格有关，还有一种可能就是他们并没有什么机会学习逻辑思维。

与这样的谈话对象沟通，并不意味着在逻辑思维行不通的时候就要选择放弃，而是要思考如何才能让对方理解和接受。如果别人觉得是歪理，你就选择听起来不像是"讲大道理"的说明方式；如果别人觉得是文字游戏，你就不要使用太难的词语，而应该用更简单易懂的方式来表达。

理由③：不知道如何灵活运用

在逻辑思维研修班中，学员们通常会在便签上写下发言内容，然后贴到白板上进行整理、演练。但是，我通常得到的反馈却是："在实际的职场中，人们才不会用便签沟通，我们更不可能在会议中让上司把发言内容写在便签上给自己吧？"

确实，研修班上的演练与日常的工作是两码事，工作中当然无法跟对方说"把你要讲的话写在便签上"。研修班中，为了让信息更容易做到"可视化"，我才要求学员们用便签进行练习，而实际工作中，我们则需要在大脑中将信息整理和"可视化"。但是，将信息写在草稿纸或笔记本上，经过"可视化"再通过语言进行表达，这样不也很好吗？信息"可视化"后，自己可以更容易地向他人进行说明，也更容易得到对方的理解。

理由④：研修班和书籍中的案例与公司、自身情况不符

有人说，希望研修班中所使用的案例是自己公司里曾经发生过或者将来可能发生的。确实，这样更能令人感同身受，但相应地，为此所付出的时间和成本也会上升，所以我所列举的案例一般是以任何企业都可能出现的场景为主。不要将"无法感同身受"当成借口，而应该思考如果发生在自己所在的公司，自己要怎么做。

我觉得，通过参考与自己公司毫无关联的普通案例，反而更能够锻炼逻辑思维和融会贯通的能力。实际上，我们常常需要研究竞争对手或者业界的成功案例，再与公司现状相结合来制订战略和计划，然后继续思考、打磨和执行，从这个角度来说，研究

普通案例也是十分有意义的。

理由⑤：将无法活用逻辑思维的原因归咎于他人

我问过一些觉得自己无法活用逻辑思维的人，这些人不论对谁，采用的都是同一种表达方式。这就怪不得别人，而要怪他们自己没有因人而异地调整表达方式——即使是对同一内容的说明，也需要考虑沟通的对象。比如传达某个观点，对有些人只要明确阐述论据就可以，而对有些人不仅要阐述论据，还需要展示相关的证据。有些人想听到大量具体的说明，而有些人只要告诉他简单的信息就可以。

比如在进行某项说明时，有的人听到"这是业界标准"就能理解并接受，有的人则必须向其详细说明"到底有哪些公司采用了这些标准"才行。针对不同对象，我们必须思考如何进行说明才更容易被他们理解和采纳。

以上就是逻辑思维无法学以致用的五个常见理由，如果有哪条和你自己的情况相符，就要有意识地克服它。

逻辑思维不是思考的全部

　　逻辑思维固然重要，但它一定是万能的吗？即使通过逻辑思考得到某个结论，也不能说这个结论就是万能的。让我们来看下面这个案例，关于A公司高级健身俱乐部项目正在开展的营销活动，田中和近藤科长进行了一番讨论。

场景 ▶ 关于高级健身俱乐部项目的讨论

　　田中："近藤科长，您现在方便说话吗？"

　　近藤："田中，怎么一副心事重重的样子？"

　　田中："嗯……公司前几天开展的活动，收到了很多投诉。"

　　近藤："你指的是免入会费的那个活动吧？我看了每天的入会数据，会员数一下增加了好多，这不是很好嘛。站在公司角度，这个活动办得很成功啊！"

　　田中："是的，就是那个免入会费的活动。我们健身俱乐部的会费是50万日元，算是高额会费了，但因为设备高端、环境优美，所以大部分会员都是中年以上的成功人士，相信您也知道。"

　　近藤："这我怎么能不知道，然后呢？"

田中："现在，会员总数为5000人左右，而免入会费的活动一开始，我们就接到了很多会员的投诉电话，客服中心那边都快忙不过来了。工作人员没完没了地处理投诉，累得不行。"

近藤："都是什么样的投诉？"

田中："投诉内容最多的是已有的会员想退钱，另外还有人投诉说，免入会费的话，年轻人就会增加，俱乐部的环境也会受影响，所以想让我们赶紧暂停活动。"

近藤："先不管总的投诉次数，按人数说，大概有多少位会员进行过投诉？"

田中："按人数算的话，有50个人左右。"

近藤："50个人……活动开始前，我们有大约5000个会员，这也就是其中的百分之一。这点儿人数，就算他们都退出，对我们公司的经营也没什么影响，而且活动开始以后，新入会的人数已经突破100人了吧？填补退出的那50个人绰绰有余，所以，活动继续吧！"

田中："但是，科长……"

看完这段对话，你有什么感想？近藤科长最后的决定是，活动要继续办下去，理由是活动对目前公司的经营没有影响。之所以近藤科长会认为这样的情形没有影响，是因为他觉得投诉的50个会员只占整体会员数的百分之一，而通过活动新入会的会员已经超过了100人，哪怕投诉的会员全部离开，用这100人来填补退会人员的空缺也绰绰有余。

的确，近藤科长是通过客观数据和逻辑思考得出了结论，但这个结论真的是正确的吗？就算只有50个人，他们退会带来的影响也是无法衡量的——这些投诉者的感情被伤害了，这可能会导致恶评，对公司形象造成负面影响。至于那些免费入会的新会员，他们可能会让俱乐部的环境氛围发生变化，公司迄今为止的卖点也可能随之改变。

由上述案例可以看出，逻辑思维其实是指"正确地思考"，但它不一定能"得出正确的结论"。通过逻辑思考得出的信息，可以作为做决定时的重要参考，但还需要基于伦理观、善恶、情感等各种因素去作出最终判断。

这里还有另一个例子，可以说明逻辑思维不是万能的。

人们都说，未来是人工智能（AI）的时代，AI可以处理海量的数据，能够自我学习并迅速得出结论。可以说，AI是能够代替人类进行逻辑思考的完美工具。但是，仅仅因为AI的结论正确，我们就无论如何都要按照AI计算得出的"最佳方案"行事吗？

关于战场上的AI，日本广播协会（NHK）曾做过一期特别节目，报道了一件令人震惊的事情——一名记者因被智能武器系统判定为"危险人物"，而受到了无人机的攻击。虽然那名记者没有性命之忧，但他一直在控诉，质问有关部门为何自己被判定为危险人物，并遭到了攻击。

为了防止上述案例的发生，在某些领域仍然需要"人的判断"。

　　以上的这些描述虽然可能只是个例，但显而易见，逻辑思考得出的结论并不一定很完善，因为在这一过程中并没有考虑到其他复杂因素的影响。所以，我们需要综合考量才能作出正确的决定。

不要拘泥于眼前事物

大家听过"只见树木，不见森林"这句话吧？即只关注眼前的某一棵树，而忽略了整片森林，这就是人们常说的"只拘泥于眼前的细小事物，缺乏大局观"。其结果是对全局的把控容易出现纰漏。

在实际的商务场景中，人们也经常会出现这样的纰漏。让我们来看看下面这个案例：来自A公司的田中正在向便利店的采购员推销他们的珍珠奶茶。

场景 ▶ 田中在向便利店的采购员推销珍珠奶茶

田中："这次来，是为了向您介绍我们公司的新品珍珠奶茶。"

采购员："珍珠奶茶最近很受欢迎呢。"

田中："是的，我们公司都是从国外直接进口木薯原料，并在日本国内加工成珍珠。"

采购员："这样啊！珍珠加工需要特别的制造技术，你们公司也可以吗？"

田中："当然，我们和国内知名的食品加工公司合作，委托他们进行珍珠的加工。"

采购员："那确实很厉害，我听说最近因为珍珠的需求一路上涨，进货也变得越来越难了。"

田中："我们公司可以保证供给稳定，而且我们公司的奶茶很好地控制了含糖量，但味道依然浓厚，应该能得到很多女性顾客的喜爱。"

采购员："为什么这么说呢？"

田中："因为我们曾在普通消费者中募集了100名女性顾客进行试饮，请她们填写调查问卷，其中有98名给出了满意的评价。"

对话到这里还是十分顺利的，但接下来却因为采购员的一些提问发生了变化。

采购员："对了，贵公司的产品和B公司相比，主要区别和卖点是什么呢？"

田中："我觉得我们公司的产品更好喝。"

采购员："为什么和B公司相比，你们的奶茶更好喝？这也是你们公司通过试饮调查得出的结论的吗？"

田中（内心）：糟了，我根本没做过跟B公司产品的试饮比较啊……

采购员："而且，最近在车站前广场一带也开了其他的珍珠奶茶店吧？"

田中："是的，这已经是车站前广场一带的第三家珍珠奶茶店了，真是激战区啊！"

采购员："那你们的产品跟这些店里卖的奶茶相比又有什么不同呢？"

田中："……"

采购员："还想问一个比较基础的问题，现在有这么多的珍珠奶茶店，便利店和超市的奶茶供货也越来越多，我觉得市场已经趋近饱和了，那么你觉得，现在的市场动向是怎样的呢？"

田中："市场动向？"

采购员："就是近期新开店的情况以及奶茶消费量变化的动向。"

田中："珍珠奶茶现在也依然很受女生们欢迎呀！"

采购员："这是哪里的市场数据得出的结论呢？"

田中："……"

怎么样？这次田中恐怕无法说服便利店采购他们公司的产品了。不过，关于本公司的产品，从原材料进口到与食品加工公司的业务合作，田中确实做了十分详细的说明。

但是仅仅做到这些是不够的。更重要的是，市场营销人员还要做好竞品调查，要明确展示出自己公司的产品与其他竞品有哪些不同之处，而且还要清楚市场动向，比如附近新开店的情况、奶茶的销售量，以及便利店、超市的供货情况等。

这个案例就是我们刚才所说的"只见树木，不见森林"，即只专注于说明本公司产品这棵"面前的树",却忽略了竞品公司这些"旁边的树",没有把握市场的整体情况,也就是没有"看见森林"。

不要只关注你眼前的事物,只有先把握整体,再把握部分,你才能够更好地理解整体和部分的关系。比如这个推销珍珠奶茶的案例,如果市场本身趋于饱和状态,其他公司的竞品也很多的话,也许田中推销其他产品才是更明智的选择。

从宏观到微观的逻辑法

　　把握整体后再讨论部分，我们将其称作"从宏观到微观"的逻辑法，在上述案例中，如果按照市场、竞品、本公司产品的顺序进行说明，就是采用了从整体到部分的方法。这样进行思考和分析，既不会有遗漏，也不会有重复。同时，也要考虑"3C"，关于这一点的详细内容在第四章第三节还会进行展开说明。

　　所谓"3C"，指的是消费者（comsumer）、竞争对手（competitor）和公司（company）。这三个要素不能分开，必须作为整体来考量，否则就会失去全局意识。做业务陈述时也一样，如果不先向听众展示整体计划，而是直接进行具体说明，听众就会感到混乱，不知道自己在听什么。

　　经营公司也是如此，如果不先制定公司的整体战略，各个部门就无法给出具体的"战术"；各个部门没有决定好"战术"，业务现场的负责人也就无法决定每天的"战斗方法"。公司的战略还未明确，就让业务现场的工作人员随意做决定，公司的业务会变得"杂乱无章"。

掌握 "从整体到部分""从宏观到微观"的逻辑思维法则（见图1-2），就能让你不再陷入"只见树木，不见森林"的境地。

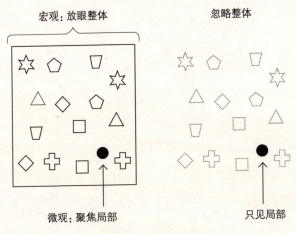

图1-2 宏观与微观

何谓"答非所问"

与别人谈话时，相信大家都曾遇到过对方答非所问的情况。"答非所问"，就是对方并没有正面回答你提出的问题，也没有理解自己到底需要回答什么内容，导致谈话效果较差。

这似乎是在学习逻辑思维前就应该解决的问题，但实际上，这种情况经常发生。尽管有人可能会说"大家应该都明白呀"，但在日常对话、与上司或者客户的对话中确实经常会发生"答非所问"的情况。在我负责的企业研修班中，以及被认为讨论水准极高的商学院中出现这种情况的次数也不少。比如，在某商学院的一次"领导力课"上老师问了这样一个问题：

"在这个案例中，A公司部长发挥其领导能力，调动了下属们的主观能动性。那么大家认为，这个部长的领导方式有哪些优点和缺点呢？"

针对老师的提问，有人这样回答：

"老师，确实因为A公司部长的领导，下属们都主动行动了起来，但这样的例子是很少见的。近年来，能发挥主观能动性的员工很少，尤其是很多年轻员工，甚至什么都不主动做，一直等着上司给出详细的指示。"

这位发言的学生并没有回答老师的问题，讨论的内容也出现了偏差。老师问的是上司领导方式的优点和缺点，学生偏离讨论的话题，陈述的是近来年轻员工缺乏主观能动性的现状。

出现这种情况时，老师一般都如何应对呢？重复一次问题的关键，然后让学生再次回答。确实应该这样做，但这样一来，对话就会没完没了。所以，大部分的老师会既不肯定也不否定学生的发言，而是直接让下一个学生回答："原来如此，这也是一种观点。那么其他人怎么想呢？"这样做，老师们便可以"跳过"这个回答。

"你的发言并没有回答我的问题，关于上司领导方式的优点和缺点，请再次进行陈述。"面对社会经验丰富的商学院学生，老师很难说出这样的话，说了可能会更麻烦。如果有其他学生指出这个发言的问题倒也可以，但碍于面子，老师一般很难继续追问下去。所以，到底有没有"答其所问"，回答者自己往往也不得而知。

那么，如何才能准确回答对方的问题呢？我建议在回答对方的问题以后，再问一句："不知道我是否回答了你的提问呢？"这样一来，在你回答完问题之后，无论对方有没有做出正面的评价，对方也不得不回答你的问题，并说出他的想法。

所以，无论什么场合，我在看到对方没有反应时，都会加上这句话。比如在跟客户开会时，回答完对方的提问后，也会加上一句"不知道我是否回答了你的提问呢"来进行确认。

　　本节内容看上去好像跟逻辑思维没有什么关系，但如果没有回答对方的问题的话，也就无法进行正面讨论。因此从这个层面上来说，本节的内容也是十分重要的。

"课题"与"研究课题"

　　本节中我们可以看出，"问题"是十分重要的。这里的"问题"一般也被称为"课题"或者"论点"。如果"问题"本身偏离了关键点，那么针对它给出的回答也会随之偏离，讨论也就失去了意义。

　　比如，某公司的整体销售额下降，那么有哪些"问题"值得在销售会议上讨论呢？也许你能想到"是哪款商品的销售拖了后腿""为什么整体销售额上不去""怎样才能提高整体销售额"等问题，但设定的问题不同，讨论的内容也会发生很大变化。但无论如何，这些都是针对如何解决问题的本质性提问。

　　大学里的研究生们在进行研究前，也会对研究对象提出一系列相关问题。与单纯的"课题"不同，这个"问题"被称为"研究课题"，研究者是为了回答这个"研究课题"才进行相关研究的。

　　进入研究生院前，学生们在与想跟随的导师沟通时，一定会被问到："你的研究课题是什么？"这也就是在问"你通过研究想要探明什么", 如果学生回答得含糊其词, 就会被严厉地反问道: "你说的这个有研究意义吗?"

有时候学生还会被问: "这个研究课题对该研究领域有什么贡献呢?" 如果不能对此给出明确的回答, 学生也许会被导师拒绝。

入学考试需要审查的资料中必须包含研究课题, 即使被录取了, 研究生们还是需要不断打磨研究课题。不断明确自己的研究课题的过程少则需要1年, 多则要花上2年以上的时间——由此可见, 学会设定"问题"是多么重要。

重视词汇、意义之间的关联

逻辑思维是英语中的"逻辑"（logical）和"思维"（thinking）组合而成的词语。所谓"逻辑"就是让事物之间有条理地相互关联，所谓"思维"就是知性而冷静地考虑事物。

所以，从"逻辑"与"思维"的角度来定义"逻辑思维"，我们可以说它指的是"让事物有条理地相互关联，并进行知性冷静地思考"。这里出现了一个词——"关联"，这也是逻辑思维中非常重要的一个关键词。关联具体指的是什么，我将从以下4个方面进行说明。

①有共通点

例如，在某个公开研讨会上，除我之外，还有从A到J一共10名参会者（见图1-3），如果想和与会人员打下良好沟通的基础，则要在其中找出与我有共通点的人，即京都出身、喜欢旅行和看电影。这10名参会者中，A、B、C是京都出身，这点与我共通；而B、C、D、E和我一样都喜欢旅行；C和G则是在喜欢看电影这点上与我共通。这样看来，想找和我有一个共通点的人非常容易。

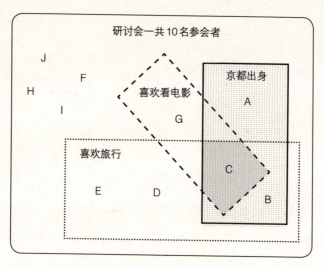

研讨会一共10名参会者

J

F

H

I

喜欢看电影

京都出身

A

G

喜欢旅行

C

E D B

图1-3　找出和自己有共通点的人

　　但是，想要找与我有两个以上共通点的人，就会变得有难度。比如，在刚才的例子中，既是京都出身又喜欢旅行的人，只有B和C。如果在此之上再加上"喜欢看电影"，那么与我有三个共通点的人就只剩下C了。想要寻求的共通点越多，寻找能够关联起来的人也就越困难。

　　实际上，"寻找共通点"在工作中也很常见。

　　例如，某家全日本连锁的便利店只有东京和大阪的店铺销售额不断上涨。这是为什么呢？这种情况下，就需要寻找与其他城市的店铺不同、而只有东京与大阪店铺才相同的点。最后，市场人员发现，该公司东京和大阪店铺试售某款甜品的活动起到了拉升销售额的关键作用，并且这些甜品的购买者以外国游客居多。

从这些事实中，我们可以知道，如果在外国游客同样较为集中的京都地区的店铺中也售卖这种甜品，该地区销售额或许也会增长。

综上所述，掌握逻辑思维的第一个关键点就是寻找"共通点"。

②顺序关联

这里的"顺序"指的是谈话或文章中语言的顺序。如果这些内容没有按顺序关联，就会出现听众（或者读者）不知道谈话者（或者文章）到底在讲什么的情况。

逻辑思维的基本方法中，有一种方法是"三角逻辑法"（详见第二章第一节）——将事物以"观点""论据""数据（或事实）"的顺序相互关联起来。

比如，A公司的田中想在下次发奖金时买一辆丰田普锐斯，于是想跟妻子幸子商量一下。对于一个家庭来说，买车是笔不小的开销，田中要如何跟幸子说才能得到她的同意呢？下面我们来看看，餐桌上的田中是如何向幸子说明自己想要买普锐斯这件事的。

场景 ▶ 和妻子幸子商量购买丰田普锐斯的田中

田中："下次发奖金的时候，我们换一辆丰田普锐斯吧？"

幸子："你在说什么呢，现在的车不也开着挺好的吗？而且以后孩子的教育也要花钱，为什么现在非得换那个普什么……普锐斯呢？"

田中："因为这样更给家里节省开支呀！"

幸子："怎么反而给家里省开支了呢？"

田中："现在购买油电混合的车型（指普锐斯）能够享受减税政策，购车的相关税费都会减少，而且其耗油量仅是汽油车的三分之一左右。换算下来，一年就能节约差不多10万日元的油费呢。所以，咱们换普锐斯吧！"

田中的观点是"买普锐斯"，论据是"为家里省钱"，数据是"减税政策、更少的耗油量使他们能省下不少油费"，从观点到数据都紧密关联。如果没有论据和数据，只是一味重复观点的话，那他可能就会一直向妻子说"买普锐斯吧""买普锐斯吧"。

不仅是上面这样的对话，文章也需要"顺序"。我在写研究生论文的时候，就被老师说过："久保田，第四章和第五章的内容之间没有什么关联，请重新调整内容，让文章上下文联系起来。"

综上所述，掌握逻辑思维的第二个关键点，就是将词汇与词汇、内容与内容、文章与文章按照顺序相互关联。

③因果关系

因果关系就是"原因"与"结果"的关系（详见第二章第八

节）。比如，某公司的员工驾驶公车时出了交通事故，被上司训斥。驾驶公车出事故是原因，导致了上司生气的结果，这就是因果关联。在逻辑思维中，因果关联也是十分重要的。

④语义的关联

这里用一个例子来进行说明。某公司的营业部销售额下降，采购部的采购成本却在上升。营业部和采购部虽然是不同的部门，但公司整体销售额下降、采购成本上升，可以得出这个公司的利润正在减少的结论。

为了理解其中的关系，可以将"销售额下降""采购成本上升""利润减少"这些短语的意义关联起来，而想要让语义相互关联，就要思考用哪些词语进行组合，以及通过何种方式组合，可以得出何种结论。

以上就是关于四种"关联"的说明。在学习逻辑思维的过程中，努力思考事物或者词汇之间的关联是十分重要的。

"你到底想要表达什么"

职场中，大家有没有被同事或者上司说过"你到底想要表达什么"或者"你到底想要我干什么"这样的话呢？

这里以A公司田中和近藤科长的对话来举个例子。

场景 ▶ 田中正在向近藤科长提建议

田中： "近藤科长，我有一些想法想和您汇报。"

近藤： "怎么了？"

田中： "前几天客户给我打电话，抱怨说公司员工接电话时的态度很差。"

近藤： "哦？还有这样的事。"

田中： "我之前在外面往公司里打电话的时候，电话那头的人也显得很不耐烦。"

近藤： "这样啊，我倒是没怎么听别人说过。"

田中： "而且，从职场礼仪的角度上看，员工应该在三声铃响之内接起电话，但我们公司的员工好像经常电话响五六声都不接电话。"

近藤：	"……所以，你到底想说什么？"

　　为什么田中的话会让近藤科长如此不耐烦呢？因为，站在近藤科长的立场上，田中只是在罗列问题，近藤科长问他"到底想说什么"，就是因为不知道田中这番发言的目的到底是什么。那么在这个案例中，田中到底想要表达什么呢？

　　田中之所以说这么多，可能是想让近藤科长有所行动——比如"促进公司员工商务礼仪的改善""制定电话沟通管理办法""对某些接电话时态度恶劣的员工进行处罚"等，这些也许都是田中想要表达的。

　　但是田中却"拐弯抹角"，没有直接向近藤科长传达自己的意思。如果对方不是十分善于察言观色的人，恐怕很难知道田中的本意。而且，这样拐弯抹角的说话方式很容易让别人感到烦躁，如果不直接明确地说出自己想要表达什么，对方就会觉得你只是在发牢骚，并产生"你到底想要我做什么"的想法。

　　如果经常被说"你到底想要表达什么"，一般都是因为你没有向对方明确传达谈话的目的，所以我们在发言时，一定要明确表达出自己想让对方做什么。

　　不过，在与朋友的交谈中、聚会上，或者与家人的日常对话中，倒也不必如此。

　　而同样的一件事，如果换成田中与公司同事小野先生（后文简称小野）在饭桌上的对话，就可能会变成下面这番景象。

场景 ▶ 田中与同事小野在饭桌上的对话

田中："咱们公司员工接电话的时候态度太差，结果前几天被客户吐槽了。"

小野："这样呀！"

田中："而且，我之前在外面往公司里打电话，接电话的人那叫一个冷漠。"

小野："确实态度挺差的。"

田中："而且，电话响至多三声就要接起来，这算是基本的职场礼仪吧？咱们公司经常响五六次都没人接。"

小野："所以，客户烦躁也挺正常的。"

这段在饭桌上展开的对话，谈话双方都没有目的性，这没什么问题。田中和小野只是在饭桌上随意聊天，二人都在享受对话的过程，而田中在公司和近藤科长的对话，情况就不同，这点一定要意识到。

那么同样是和小野对话，如果是在业务场景中，小野又会怎么想呢？

场景 ▶ 田中和小野的职场对话

田中："前几天开会开得实在是太累了。"

小野："辛苦辛苦。"

田中：“就好像是在听部长的演讲大会。”

小野：“一如既往的演讲。”

田中：“而且明天也要开会。”

小野：“那明天又做不了工作了。”

田中：“明明还有好多资料要准备。”

小野：“最好不要太多。”

田中：“而且明明这种时候了，还要去参加什么关于防止职场骚扰的研修班。”

小野：“……所以，你到底想要我做什么呢？”

小野为什么感到烦躁呢？相信大家都已经知道了——这又是一段没有“目的”的对话。的确，田中到底是想让小野做什么呢？代替自己出席演讲会议？帮自己一起做资料？又或者代替自己参加研修班，还是说单纯只是想有个人听自己发牢骚？像这样的场景，谈话目的可以是拜托对方做某事，也可以是单纯寻找倾听者。但是，如果只是想有人倾听自己的烦恼，那么在一开始就应该明确告诉对方。“你能听我发些牢骚吗？最近事情太多，想要倾诉发泄一下。”如果田中在一开始就明确告诉小野自己的想法，也许就不会让小野在谈话中感到不耐烦了。

LOGICAL
THINKING

第二章

培养逻辑思维的基础

掌握"三角逻辑法"

在逻辑思维中，"关联"是十分重要的，这一点在第一章中也曾说明过。将"观点""论据""数据"三点相互关联的"三角逻辑法"是掌握逻辑思维的基本法则之一，本章将再次对此进行说明。

所谓"三角逻辑法"，就是将"观点""论据""数据（或事实）"三点有意识地关联起来并对其进行整理的思考方法（见图2-1）。

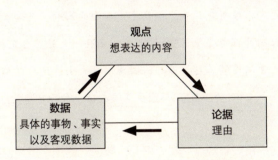

图2-1　"三角逻辑法"中的三个关联项

运用"三角逻辑法"，需要先提出观点。对方在听到这个观点后，脑海中会产生"为什么要这样说""理由是什么"的疑问。这时候，你便可以针对这些疑问阐述明确的"论据"。听到论据后，对方又会想知道论据是否属实，希望听到具体的数据。所以，在没有数据支撑的情况下阐述论据是不可行的。

我们再来看一个案例——田中向近藤科长请求更换新的办公电脑。对于这件事，近藤科长当然想知道其中的理由。这里，田中将"对业务产生了影响"作为论据。但是只有这个论据近藤科长当然不会同意，所以需要田中提供具体的数据来证明。例如，电脑开机时间过长（耗时长达5分钟），经常死机（一天死机5次，无法连续工作），内存太小（无法同时打开多个任务窗口）等，这些都是对业务产生影响的具体"数据"。

场景 ▶ 正确使用"三角逻辑法"的田中

田中："近藤科长，请问能不能批准我换一台新电脑呢？现在的电脑已经对我开展业务产生了不小的影响。具体来说，这台电脑每次开机都要花费5分钟之久，而且一天往往会死机5次左右，根本无法连续工作。另外，因为内存太小，这台电脑无法同时打开多个文件。所以，能不能请您给我换一台新电脑呢？"

像这样按照"观点""论据""数据"的顺序进行说明，最后再用"观点"进行总结，你就能够明确地向对方传达自己的想法了。但是如果按照"数据""论据""观点"这样反过来的顺序进行说明，给对方的感觉又会发生怎样的变化呢？

场景▶ "三角逻辑法"使用顺序颠倒了的田中

田中："近藤科长，我的电脑现在每次开机都要花5分钟，而且一天要死机5次，根本没法连续工作。内存又很小，没办法同时打开多个文件，这已经对我的业务产生不小的影响，所以能不能给我换台新的电脑呢？"

大家作何感想？如果一开始就罗列数据，就容易给人"拐弯抹角"表达观点的印象。站在对方立场上，科长好像一直听到的只是关于电脑的牢骚，从而很可能越听越烦躁。

利用"三角逻辑法"，按照"观点""论据""数据"的顺序进行阐述，是向对方明确传达自己意思的基本方法之一，希望大家可以灵活运用。

"PREP法"

专栏

在商务文稿演示的场景中，"三角逻辑法"也被称作"PREP法"——由观点（Point）、理由（Reason）、例子（Example）、观点（Point）四个单词的英文首字母组成。P代表你想表达的"观点"，R代表作为理由的"论据"，E代表由具体的事物、事例、情况等组成的"数据"，最后再以重申"观点"结束。

在商务文稿演示中，演讲人需要在有限的时间内尽可能简短明了地传达自己的主张。对方不会给你留出多余的时间，因此，我们需要提前整理好想要表达的内容。"PREP法"就是能够帮助我们整理并简洁明了地传达观点的优秀思维工具之一。虽然学习起来需要花费些时间，但习惯之后，它不仅能帮助你在讲话时更好地整理自己想传达的意思，也便于你作为倾听者时，帮助你更好地理解发言者想要表达的内容。

在聆听对方讲话时，我始终在留意"PREP"的各个环节，我常常一边听，一边想"这个人刚才阐述了例子，但是并没有提出观点"，诸如此类。

如何正确地得出结论

关于职场中"三角逻辑法"的实际运用，我曾询问过我的研修班学生们的感想，有人说这种方法使用起来不是很顺利。接下来我将对人们没有准确使用"三角逻辑法"的两种代表性情况进行说明。

第一种情况是"逻辑过于跳跃"，这里我将以我本人和研修班的学生田中的对话为例。

场景 ▶ 田中因为发言"逻辑过于跳跃"而惹恼新人佐腾（后文简称佐藤）

田中："在和新人佐藤的谈话中，我试着用了上次研修班教授的'三角逻辑法'，虽然我感觉自己讲话的内容有逻辑性，也很好理解，但是看佐藤的反应，似乎我伤害到了他。"

我："嗯，那你跟佐藤都谈了些什么呢？"

田中："最近，佐藤被好几个客户训斥了，我运用'三角逻辑法'来提醒他，结果他跟我说，'就算你是前辈，你的这种说话方式也是很不礼貌的，我觉得很伤心，你丝毫没有把我当后辈来看待'。"

我： "你具体是怎么跟他说的呢？"

田中： "我说：'佐藤，你要注意跟客户交谈的方式啊，因为客户都对你产生不信任感了。比如A公司的木下先生，对你说话时过于随意的口吻很有意见；再比如B公司的山本先生，说你使用尊敬语①和谦让语②的方法是错的；至于C公司的清水先生，则对你说话时总是和别人反着来的口吻感到惊讶。总之，你得注意一下自己的交谈方式了。'"

我： "原来如此。确实，你在内容上严格遵循了'三角逻辑法'，但是你的表达方式也的确会让身为后辈的佐藤受伤。"

田中： "啊，所以我的表达方式是哪里出了问题呢？"

我： "佐藤之所以感到伤心，也许是因为你说了那句'客户都对你产生不信任感了'。那么，这句话到底是不是对客户反馈的正确总结呢？"

那么对于客户的反馈意见，如何总结才是合适的呢（见图2-2）？

让我们一起来想想。

---

① 日语中"敬语"的一种，用来表示"尊敬"，在谈话中提高对方地位的时候使用。

② 日语中"敬语"的一种，用来表示"谦让"，用于描述自身行为，通过在语气上"贬低自己"来提升对方地位。

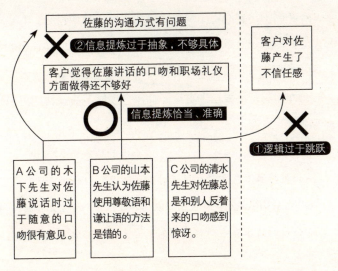

图2-2　准确总结客户反馈

我："你从客户的反馈中总结出'客户都对你产生不信任感了'这个结论，其实是产生了逻辑上的跳跃。你觉得还有没有更合适的语言来总结客户的反馈呢？"

田中："嗯……所有的反馈都是针对佐藤的谈话方式或者用词，'客户觉得你讲话的口吻和职场礼仪做得还不够好'，这样总结怎么样？"

我："嗯，这样总结的话，既包含了客户们反馈的主旨，又没有出现逻辑的跳跃，而'客户都对你产生不信任感了'这句话，与客户的反馈内容不仅没有必然的逻辑关系，还会对佐藤的心情造成很大的影响。"

田中："原来如此，所谓的逻辑跳跃指的是这个意思。"

上述案例中，我展示了没有准确运用"三角逻辑法"的一种情况，即"逻辑过于跳跃"。一些人根据已知信息所推导出的结论，有可能和从原信息能够得出的合理推论相差悬殊。

第二种情况则是表达内容过于抽象、模糊不清。我们再来分析一下刚才的案例。

"A公司的木下先生对你说话时过于随意的口吻很有意见。"

"B公司的山本先生说你使用尊敬语和谦让语的方法是错的。"

"C公司的清水先生对你说话时总是和别人反着来的口吻感到惊讶。"

在田中与佐藤的谈话中，田中将上面这些客户反馈总结为"你的沟通方式有问题"，这样合适吗？的确，这些都是沟通方式的问题，但这样的总结却过于模糊和抽象。最近似乎很流行将所有事都归结为"沟通方式的问题"，但这样的总结却不够精确——在遵循原信息的基础上，应该尽量进行具体的思考，才能得出最准确的结论。

专栏 **归纳法与概念化**

在刚才的案例中，我们试着对A公司的木下先生、B公司的山本先生、C公司的清水先生三人的发言进行总结，这种思考方式被称作"归纳法"。所谓归纳法，指的是从相似的信息中进行推论。归纳法的运用技巧之一，就是不要拘泥于某个特定的信息或者细节的讨论，而是要从整体视角来进行思考。顾名思义，"归纳"就是将具体的事物或者数据进行归并，然后推导出整体的结论或倾向。

"概念化"指的是从具体的事物或者数据总结中，抽象出共通的性质或关系。一般来说，描述或总结越抽象，"概念化"的语言也就越简洁。

我们通过对下面三个句子的分析，来简单说明"归纳法"和"概念化"的区别。

A："住在绿丘一带的木下先生目前处于无业状态。"

B："住在绿丘一带的山本先生没有接受职业培训。"

C："住在绿丘一带的清水先生没有上学。"

一言以蔽之，木下、山本、清水就是所谓的"尼特族"[①]——这是概念化。从三个句子的内容，我们也可以推论出"绿丘一带的就业环境可能不好"——这是归纳法。（两者混合使用的情况也很常见）

[①]　指不安排就学、不就业、不进修或不参加就业辅导的年轻人。

分辨"事实"与"想法"

人们在使用"三角逻辑法"时容易掉入逻辑陷阱，接下来我将对需要关注的逻辑要点进行说明。

我在一家企业兼任顾问工作，这家企业的领导在听年轻员工报告时一定会问这两个问题——"这是客户说的话吗？""你是这么认为的吗？"那么这两句话的意图何在？如果你也被问了相同的问题，那就不得不引起你的注意了。

实际上，领导想让员工回答的是，这是"事实"还是"你本人的想法"，在做汇报时如果汇报人不将事实与想法分开，那么听汇报的人就很难了解事情的本质。

让我们来看一个具体案例，A公司的田中最近正在向他的上司近藤科长汇报销售进展。

场景 ▶ 田中向近藤科长汇报业务开拓的进展

田中："科长，最近我正努力争取合作的'逻辑'公司，很可能要跟我们公司合作了。"

近藤："做得不错！为什么这么说？"

田中："因为他们对我们公司的商品很感兴趣。"

近藤："哦？是吗？具体是对哪些商品感兴趣呢？"

田中："针对我们公司的招牌商品A，对方在前段时间发邮件来询问过，还打电话说想要商品B的样品，他们对商品C应该也有兴趣，明年预备发售的全新招牌商品D，感觉他们也很感兴趣。"

如果你是田中的上司，听完他的描述会怎么想呢？让我们来用"三角逻辑法"整理一下。

田中的观点是"'逻辑'公司最近很可能要跟我们公司合作"，论据是"他们对我们公司的商品很感兴趣"，支撑这个论据的"数据"则是"对方发邮件咨询了商品A""打电话说想要商品B的样品""应该对商品C也有兴趣""感觉他们对商品D也很感兴趣"这四点。

但在这四个"数据"中，事实和想法混杂在一起。关于商品A和商品B的内容是事实，而关于商品C和商品D则只有"应该"和"感觉"，这是田中自己的想法，并不是客户反馈的事实。所以，田中认为客户"对我们公司的商品很感兴趣"的想法，自然很难让近藤科长信服。

类似的报告方式十分常见，但报告者本人往往意识不到。有时，在报告人想要证明自己的观点，而又找不到相关事实时，就很容易把自己的想法作为论据。年轻员工在和上司的对话中，一旦被上司追问，感到自己立场岌岌可危时，也容易出现这样的发言倾向。

比如A公司人事部的松下先生在被中村部长提问时，一不小心就做出了如下发言。

场景▶人事部的松下先生正在向中村部长说明公司招聘情况

中村："松下，明年4月入职的新员工人数大概有几人？原计划的5个人能招到吗？

松下："嗯，新招5个人没问题。"

中村："哦，不错嘛。为什么这么有自信？"

松下："我已经给A发了录用通知，他当场就答应了；B虽然还在犹豫来我们公司还是去竞品公司，但我相信会有好消息的；C为了出席录用仪式，已经拜托我预约酒店和新干线的车票了；D的大学校友好像也在我们公司，这样继续保持联系应该没什么问题；E虽然也收到了我们竞品公司的录用通知，但是前几天他专门打电话跟我说已经拒绝了那家公司。"

松下的这番话中，事实与想法也是混杂在一起的。关于A、C、E三人的内容是事实，但关于B、D二人的内容则是他的想法。A"当场同意入职"是事实，C为了出席录用仪式"拜托我预约新干线车票和酒店"是事实，E"特意打电话跟我说已经拒绝了那家公司"也是事实。但与此相对，关于B、D二人的内容却并不是事实，而是松下自己的想法。"相信B会有好消息"是松下的个人想法，而不是B真的给了积极反馈。"跟D这样保持联络应该能招到他"也是松下自己的想法，是他单方面认为的积极结果。

将事实和想法混杂，对方自然会因此对你表达的观点感到困惑。如果你是听报告的一方，在听到这样的内容时，也需要确认"他表达的这些到底是事实还是个人想法"。不过，如此向对方询问恐怕会有些过于直接。所以，这时就可以用"什么时候""谁说的"这两个问题来确认事实——这是我们常说的"5W1H"中的其中两个因素。

"5W1H"是一种常见的思维工具，具体包括"什么时候"（When）、"在哪里"（Where）、"谁"（Who）、"为什么"（Why）、"做了什么"（What）、"怎样"（How），而在上面的对话场景中，只需要问"什么时候"和"谁"就可以了。

需要强调的是，我并不是说在对话中人们不能发表自己的意见想法。但如果事实和想法混杂在一起，容易让对方感到混乱，那么你可以将二者分开进行阐述。

如何分辨无效信息

在运用"三角逻辑法"时，使用事实而非自己的想法来支撑论据是十分重要的。但是，即便是事实，有时候也会出现与论据无关或者无法支撑论据的情况。

场景 ▶ 田中的观点似乎有点问题

田中："近藤科长，我们这个季度销售目标的制定，应当对标行业内销售额排名前十的公司！"

近藤："为什么这么说？"

田中："因为我们公司的销售效率日渐低下。"

近藤："销售效率日渐低下？具体是指什么情况呢？"

田中："这三年，我们销售部的成员从30人减少到20人，也没有新人进来，而我们的竞争对手却一直在增员。另外，因为开拓新业务，我们需要对接的小规模公司客户从20家增加到了50家。再加上新产品的评价也不好……"

近藤："……"

站在近藤科长的立场上，你认为他为什么会无语呢？显然，近藤科长无法采纳田中的观点。但如果你是近藤科长，你认为田中的说明到底是哪里有问题呢？

田中表达了"公司销售效率低下"这个观点，但给出的事实中却包含了"对手公司增员""新产品的评价不好"等和观点无关的论据。

如图2-3所示，我将展示如何用数学逻辑的方法分析销售效率：将"销售部成员从30人减少到20人"和"没有招新"这两个事实作为分母，将"小规模公司客户从20个增加到50个"作为分子，这样不难看出，每名销售人员需要负责的公司数增加了，所以，销售效率下降这个结论是成立的。

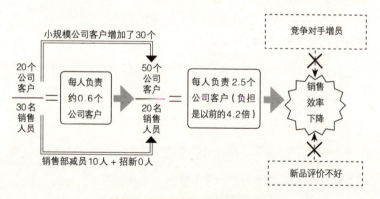

图2-3 用数学逻辑分析销售效率

不过，"竞争对手增员"这个事实与公司销售效率有什么关系呢？实际上，竞争对手无论是增员还是减员，都不会给本公司的销售效率带来任何直接影响，所以，我们无法将此作为支撑

"销售效率日渐低下"这一结论的事实。

所以，如果你是近藤科长，应该继续问："等等，竞争对手公司增员跟我们公司的销售效率低下之间有什么关系呢？"

针对这样的提问，田中则应该回答："因为对手公司增员，所以他们拜访我们现有客户公司的频率从一周一次增加到一周三次。看到这种情况我也不能放置不管，所以我拜访客户的频率也从一周一次增加到了一周三次——销售效率也就因此下降了。"

如果像这样进行说明，"竞争对手增员"这个事实自然也就可以作为本公司销售效率下降的理由。

那么针对"新产品评价不好"，如果你是上司，又会如何提问呢？

你可以这么问："等等，你说新产品评价不好，跟我们公司的销售效率下降又有什么关系呢？"

针对这个提问，则可以回答："因为新产品评价不好，所以跟之前相比，要说服客户跟我们签约，拜访时需要反复进行产品说明，因此销售效率也下降了。"

像这样进行说明，那么新产品评价不好这件事也可以作为"事实"来支撑论据。

当你觉得对方的发言内容有问题的时候，及时说出"等等"，然后提出问题也是十分重要的。

专栏　事实型思维

在日常讨论中，"事实""事实型思维"这些词语经常出现。在逻辑氛围较强的公司中，人们会经常听到"你说的是事实吗""我们先来明确一下事实"等发言，这些讨论不是基于个人的意见、感想或想象展开，而是基于事实进行。

当讨论白热化、情绪高涨时，人们往往会失去冷静思考的能力从而感情用事，这是十分危险的。理智的讨论应该是基于过去或者现在的事实状况进行的。

那么，"将来的可能性"能不能算是事实呢？"将来会有这种可能性"可以是事实，但"将来的可能性"并不能作为这件事在未来"必然会发生"的事实依据——将来会发生什么事只是以当下事实为基础，通过归纳推导得出的一种判断。

上司的话一定正确吗

我在拜访客户公司时，经常听到年轻员工说："因为上司说不行，所以估计这次的事有点难办。"每次听到这样的话，我也无言以对——这好像是拒绝或者放弃某件事时的固定台词。

每当这个时候，我都会反问："那只是上司说的话，你觉得一定正确吗？"但听到的回答总是："但是上司这么说了呀……"于是谈话又开始绕圈子。下面这个案例中，近藤科长就是一名经常会说"不行"的上司。

场景 ▶ 仅凭过去经验就下结论的近藤科长

近藤："一直这样下去的话，看来这个季度的销售计划完不成了啊。你作为销售负责人打算怎么做？"

田中："我觉得需要开拓新客户。"

近藤："那你准备开拓哪些新客户呢？"

田中："首先是ABC公司。这家公司的销售规模很大，但还没有和我们公司合作过，所以我想将他们作为新客户去开拓一下。"

近藤："ABC公司吗？绝对谈不下来。"

田中："啊？为什么呢？"

近藤："之前其他员工也去拜访过他们，什么也没谈成。"

田中："原来之前去过啊，但是我有自己的计划。"

近藤："我知道你有计划。我做组长的时候，其实跟他们已经谈到不错的阶段，可最后时刻他们又反悔了。"

田中："这样啊……其实，我认识ABC的前员工阿部先生，他说会给我介绍他之前的下属认识。"

近藤："介绍式销售啊……估计虽然会给你介绍，但恐怕业务也不会有什么进展。"

田中："……"

如果你是田中的话，会怎么想呢？近藤科长是典型的"唱反调"型上司。那么，近藤科长又是为什么对自己的想法这样有信心呢？因为这是他根据经验得出的结论。换言之，近藤科长将自己常年的销售经验变成了"绝对基准"，并以这个基准来判断事物。

我们以图例的形式来看看刚才的案例，如图2-4所示。这个场景也可以用"三角逻辑法"来进行说明。

首先，逻辑的起点是"绝对基准"，即近藤科长在与ABC公司合作这件事上存在一个绝对基准，并以此为准则。所以就算田中提出"想要开拓与ABC公司的新业务"，按照这个基准来看，近藤科长最后还是会得出"放弃对ABC公司的业务开拓"这

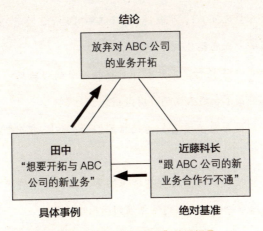

图2-4　基于"绝对基准"的逻辑①

个结论。

　　这样的对话每时每刻都在发生。比如下面这个案例，A公司现在正在寻找能够立刻入职的销售人员，但是却没有什么人来应聘。田中留意到其中某个应聘者，觉得可以将他招进公司，于是他与近藤科长商量了这件事。

　　场景 ▶ 与近藤科长商量招聘事务的田中

　　田中："近藤科长，我想跟你商量一下关于销售人员招聘的事。"

　　近藤："哦？你找到候选人了？"

　　田中："对！有个在大公司人事部工作了5年的应聘者，名叫谷本。他在那里一直负责应届生招聘和社会招聘，每年要面试学生和社会人员近500人，也就是说，他5年间面试了将近2500人，有非常丰富的职业经验。"

近藤："这样啊，那他有作为销售人员的经验吗？没有销售经验的人恐怕不合适来我们公司做销售。"

田中："虽然他没有作为销售的经验，但是有长期面试培养出的沟通能力。"

近藤："谷本既然是负责招聘的那一方，所谓沟通能力也不过是问些像应聘动机这样司空见惯的问题吧？"

田中："这些问题当然也会问，但是最近的应聘者为了了解公司也会反问很多其他问题。比如公司氛围、领导和员工的关系、公司有怎样的绩效和培训制度，等等。招聘方则需要给出让对方满意的回答，谷本这5年间每年面试近500人，积累了近2500人次的沟通经验，我觉得他完全可以把这些经验运用到销售岗位中。"

近藤："没有其他候选人了吗？"

田中："还有一个有销售经验的应聘者叫服部。虽然他曾经做过2年销售，但是销售成绩不好，估计是在公司待不下去了，所以才出来应聘。"

近藤："他做过2年的销售啊。虽然还没有成绩，但这也是年轻人必须经历的过程。我觉得服部更有潜力吧？再强调一次，没有销售经验的人不适合我们公司的销售岗位。"

田中："……好的。那就录用有销售经验的服部吧……"

和刚才的案例一样，我们也用"三角逻辑法"来对这个案例进行整理（见图2-5）。

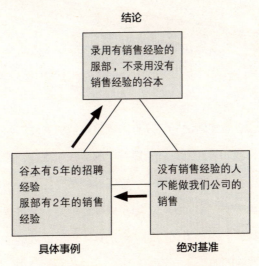

图2-5 基于"绝对基准"的逻辑②

这个案例中，"绝对基准"是"没有销售经验的人不能做我们公司的销售"，其具体事例有两个：在大公司人事部工作过5年的谷本和有2年销售经验的服部。按照"绝对基准"得出的结论，就是"录用有销售经验的服部，而不录用没有销售经验的谷本"。虽然这样的结论并不一定是对的，但由此可以看出"绝对基准"对于一个人的判断有很大的影响。

"演绎法"（三段论法）

　　使用"三角逻辑法"可以将内容整理得更加简洁明了。前面的章节中，我们曾介绍过逻辑思维中的"归纳法"，即从具体事物中推导出整体的结论或倾向。这里我们将介绍与之相反的另一种思维工具——"演绎法"，即在原则、规则、绝对基准的基础上，参考具体的观察事例，即"个别具体现象或数据"，得出某个拥有必然性的结论。

　　"演绎法"又叫"三段论法"，它以原则、规则、绝对基准等为大前提，以具体现象或数据这些"观察事例"为小前提，其逻辑是在大前提的基础上参照小前提并得出结论。

　　运用"演绎法"或"三段论法"需要参考"绝对基准"，所以只能得出一个必然的结论，即对方无法反驳的结论。也正因为如此，大前提必须是"没有怀疑余地"的普遍原理。

反驳"爱唱反调"的人

我相信，大家应该都遇到过"爱唱反调"的人，他们心中往往有一个绝对不容动摇的大前提（即"绝对基准"），并喜欢以此为论据来说服别人。

如果这个大前提无懈可击，对方就无法反驳。但是，如果这个大前提不是绝对的，我们就可以对其进行反驳。

这里，我们以上一节所讲的A公司的田中向近藤科长提出要开拓与ABC公司的新业务时的场景为例。

显然，"与ABC公司的合作绝对不可能谈成"这个绝对基准已在近藤科长的脑海里根深蒂固，所以，我们无法从正面进行驳斥。

这时候，就需要从导致近藤科长形成这个"绝对基准"的事情入手——近藤科长的经验真的能得出这一绝对性的结论吗？如果其中的逻辑有矛盾之处，就可以从这一点入手驳斥他的"绝对基准"。

促使近藤科长得出"与ABC公司的合作绝对不可能谈成"这个结论的，分别是这三个原因：其他员工之前去拜访过，但什么也没谈成；近藤科长做组长的时候，跟ABC公司已经谈到不错的阶段，但最后他们反悔了；即使有人介绍，也不会有什么进展。不过，仅仅从这三点，便可以得出"与ABC公司的合作绝对不可能谈成"这个"绝对基准"吗？

可以明确的是，曾经跟ABC公司有过接触的只有田中的一位同事以及当时作为组长的近藤二人。仅凭这二人的经验就得出"与ABC公司的合作绝对不可能谈成"这个结论，未免有失偏颇。如果说包括老板在内的A公司所有销售人员都通过各种渠道关系接触过ABC公司，但最后都没有成功的话，那这一结论尚且可以理解。不过，仅凭一名员工和近藤科长的经历，实际上并不能得出这一绝对的结论，作为员工，田中应该指出这里的矛盾。当然，田中的表达不能过于直白，尤其要注意表达方式，以免伤害近藤科长的感情，例如可以用下述的方式表达。

场景 ▶ 在不伤害近藤科长感情的前提下进行沟通的田中

田中："近藤科长和另一位员工都去谈了，也还没有成功，真是可惜啊。不过我觉得，公司有20名销售人员，虽然你们没有谈成，但直接放弃和ABC公司的业务往来，还是有点为时过早。我想再去试一试，也希望能为近藤科长'扳回一局'。"

田中在充分考虑了近藤科长感受的基础上，指出公司有多达20个销售人员，虽然其中有两人失败了，但因此得出"与ABC公司的合作绝对不可能谈成"这个结论还为时过早。像这样的沟通方式，即便是"爱唱反调"的人一般也可以接受。

另外，从"即使有人介绍，也不会有什么进展"这个观点得出"与ABC公司的合作绝对不可能谈成"也是有问题的，因为这不是具体的事实，而是近藤科长的主观判断。

但田中恐怕也不能直接说"这不是近藤科长您的主观判断吗"，而可以用"您具体指的是谁的介绍呢"这样的提问方式来

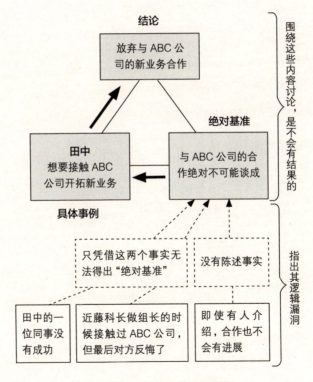

图2-6　试着找出对方的逻辑漏洞

引导出事实。如果这个介绍人和ABC公司并没有十分密切的联系，也就无法得出"与ABC公司的合作绝对不可能谈成"这个结论。

如上页图2-6所示，如果能够分析并指出"绝对基准"中的漏洞，相信对方也会意识到自己的问题。

"归纳法"与"演绎法"的关系

在"演绎法"中，作为大前提的"绝对基准"是十分重要的。通常人们使用"归纳法"得出这些基准，即通过迄今为止积累的经验确立这些不可动摇的规则或准则。不过，现实中也有毫无事实支撑却依然被很多人信奉的观念，我们称之为"迷信"。

例如"泡茶时，茶叶竖起是个好兆头"的迷信说法，它并不是由"茶叶竖起便真有好事发生"的事实累积所得出的。就算你给朋友泡了杯茶，看到茶叶竖起来，然后对他说"一定会有好事发生"，也并不意味着真的会有好事发生。"演绎法"中作为论据的大前提，必须是通过客观事实积累并归纳推导出的结论。

选择最适合自己的表达方法

前面的章节中介绍了如何使用"三角逻辑法"来梳理逻辑，在使用"三角逻辑法"表达自己的观点时，分清"归纳法"和"演绎法"的区别是十分必要的——在表达同一个观点时，"归纳法"与"演绎法"也有着不同的效果。

这里依然以田中和妻子幸子商量购买丰田普锐斯汽车的场景为例，先来看看使用归纳法的情况。

场景 ▶ 田中正在和妻子幸子商量购买丰田普锐斯

田中："下次发奖金的时候，我们换一辆丰田普锐斯汽车怎么样？"（观点）

幸子："为什么要买普锐斯呢？"

田中："因为这样能给家里节省开支呀！"（论据）

幸子："给家里节省开支，具体指什么？"

田中："现在购买油电混合的车型能够享受减税政策，所以购车的相关税费都会减少，而且其耗油量只是汽油车的三分之一左右。换算下来，一年就能节约差不多10万日元的油费呢。（具体数据）所以，咱们换普锐斯吧！（观点）"

这是用"归纳法"表达观点的典型案例，田中通过税费减免、耗油量和油费开支这三个具体数据来证明换车可以节省家庭开支，希望能够让妻子接受他购买丰田普锐斯汽车的观点。

田中的表达其实并没有问题，但有时使用"归纳法"会比较费力——因为这需要收集具体的数据。在上述案例中出现了三个具体数据，不过，要收集这样的数据必须查阅大量的信息。而且，事例或数据越充实就越能说服对方，所以使用"归纳法"通常会花费大量的时间。

工作中也是一样，想要传达自己的观点，就必须拿出理由，并收集大量的事例或数据。

我们再来看看，"演绎法"在刚才的场景中应该如何运用。

场景 ▶ 田中正在和妻子幸子商量购买丰田普锐斯

田中："下次发奖金的时候，我们换一辆丰田普锐斯汽车怎么样？"（观点）

幸子："为什么要买普锐斯汽车呢？"

田中："因为根据政府的碳排放规定（绝对基准），我们现在的车已经不符合标准了（具体数据）。"

这一次，田中通过阐述"政府的碳排放规定"这一绝对基准，并指出"现有车不符合这个规定"这一具体数据，继而引导出"换一辆丰田普锐斯"这个观点。这种情况下，田中并不需要大量查阅信息，只要有"政府的碳排放规定"这一绝对基准，他的观点就可以成立。

列举出具有绝对性的准则，便可以得出对方无法反驳的观点。

我们再来看另一个案例。田中在A公司汽车部门负责汽车出口，他想运用"归纳法"来向近藤科长解释，公司必须减少汽车出口。

场景 ▶ 使用归纳法向近藤科长陈述观点的田中

田中： "近藤科长，我们最近应该减少汽车出口的数量。"

近藤： "嗯？为什么这么想？"

田中： "因为国内需求不断增长，海外需求在持续减少。"

近藤： "这样啊，具体说说。"

田中： "最近，由于公共交通极为拥挤，国内开车通勤的人越来越多了。同时，公车的需求在不断增加，家庭收入也在不断增加。另外，因为国际贸易摩擦，海外需求和消费预期持续低迷，一些国家因此还导致了库存积压，所以我觉得应该减少出口数量。"

在这个场景中，田中提出了"国内需求增长""海外需求减退"这些理由，但是为了支撑这些论据，田中还需要收集和展示具体的数据。

我们再来看看如何使用演绎法表达同一观点。

场景 ▶ 使用演绎法向近藤科长陈述观点的田中

田中： "近藤科长，我们最近应该减少出口的数量。"

近藤： "啊？你为什么这么想？"

田中： "因为最近日元不断升值，这样下去，卖的商品越多越不划算，而我们公司商品的出口比例比较高，所以我觉得应该减少出口数量。"

显而易见，和"归纳法"相比，"演绎法"的说明简短很多，即使不调查各种各样的数据，"日元不断升值，这样下去卖得越多越不划算"这句话作为支撑观点的论据也已经足够了。

比如，假设原本美元对日元的汇率为1∶100，而如果日元升值，美元对日元的汇率变成了1∶80，那么，1台本可以在美国卖100万日元的日本车，在日元升值后就只能卖80万日元——日元升值会导致利润缩水，便是大家都认可的"绝对基准"，以这个基准为论据，即使不展示"归纳"的具体数据也可以让人信服。

但是，所谓的"绝对基准"不是想有就有的，所以在表达自己的观点时，选择"归纳法"还是"演绎法"，还需要你结合具体情况做出判断。

拒绝"文不对题"

这里我想问一下，大家在工作中遇到不顺利的时候，能够准确描述其原因或理由吗？

A公司主营产品是软饮，招牌产品是生姜汽水。因为产品线单一，A公司的销售额没有太多上升空间，所以他们开始进口德国啤酒并销售。田中是公司的销售人员，他与近藤科长发生了如下对话。

场景 ▶ 追问"文不对题"的田中

近藤："这个季度的销售目标能达成吗？"

田中："老实说，距离目标值还有点远，达成目标恐怕有点难了……尤其是作为招牌产品的生姜汽水完全卖不动，用来填补空缺的德国啤酒也没有卖出去，现在怎么办才好呢？"

近藤："生姜汽水不是我们公司的明星产品吗，怎么回事？"

田中："原因有两个，一是因为台风和长期降雨的影响，今年夏天平均气温低，所以生姜汽水和德国啤酒的需求减少了。二是酒品的税费今年4月开始增加了，所以，德国啤酒和生姜汽水的销售情况都不好。"

近藤："等等，气温低导致生姜汽水和德国啤酒卖得不好，这还说得过去，但是税费增加跟生姜汽水完全没有关系吧？"

田中："酒品税费增加，德国啤酒便卖不出去，导致可以兑进啤酒里的生姜汽水也需求骤减。您知道有一种鸡尾酒叫'香迪啤酒'吗？"

近藤："'香迪啤酒'？兑生姜汽水的啤酒？我不觉得这种鸡尾酒的需求量有那么大啊……"

田中阐述的理由，有什么地方比较奇怪呢？由于天气不够热，生姜汽水和德国啤酒卖得不好，这可以理解；酒品税费增加导致德国啤酒销量低迷，也可以理解。但是生姜汽水不属于酒类，酒品税费增加对其销量并没有直接影响。

田中说"香迪啤酒"的需求量减少也是生姜汽水销量下滑的原因之一，但实际上，"香迪啤酒"的需求量本身就不大。所以，酒品税费上涨导致生姜汽水销售额下降的说法十分牵强。

田中说明的内容之所以让人觉得"文不对题"，是因为其中的因果关系过于牵强。所谓因果关系是先有原因，后有结果，也正因如此，存在因果关系的两件事之间一定有时间差。比如在上述案例中，当年夏季气温较低在先，生姜汽水和德国啤酒销量下降在后；酒品税费增加在先，德国啤酒的销量下降在后。

生姜汽水的销量和德国啤酒的销量或许也有关联，例如，生姜汽水销量下降导致德国啤酒销量下降，抑或是德国啤酒销量下降导致生姜汽水销量下降。不过，这就像是"鸡生蛋，蛋生鸡"的问题，很难用因果关系进行说明。一方上升另一方也随之上升，或者一方下降另一方也随之下降，这种我们称之为"相关关系"。

"因果关系"和"相关关系"最大的不同，就在于两件事之间是否存在时间差。因果关系在时间上是先有一方发生，而后另一方才随之发生，相关关系则是同时发生。比如某个员工情绪突然低落，必定有什么原因——被上司训斥了，或是被客户投诉等，只有找到事情的原因才能解决问题。

因果关系、相关关系与独立关系

图2-7显示了因果关系、相关关系和独立关系的实例。

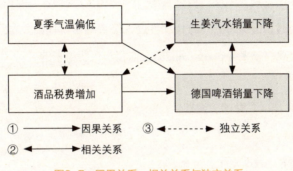

图2-7　因果关系、相关关系与独立关系

①单向的实线箭头表示因果关系，也就是"因为A所以B"的关系，但这个关系无法逆推。如上图所示，当年夏季的气温偏低，导致了生姜汽水和德国啤酒的销量下降，但不能说生姜汽水和德国啤酒的销量下降导致当年夏季的气温偏低。

②双向的实线箭头表示相关关系，如生姜汽水与德国啤酒的销量互相关联，但这两者的销量并不互为因果。

③双向的虚线箭头表示两者不相关，也就是彼此独立。

对别人的发言"保持怀疑"

大家有没有过搪塞上司成功或失败的经历呢？一般来说，如果上司是对别人的话"囫囵吞枣"一样地全盘接受，你找借口也许行得通，但是只要对方稍加怀疑，编造的借口就会很容易露出破绽。我们先来看看A公司的新人佐藤与近藤科长的对话。

场景 ▶ 新人佐藤的"歪理"

近藤："这个季度，你负责的大客户西纳利欧公司的实际销售额没有达到预期啊。为什么呢？"

佐藤："很明显，因为人气商品X的生产进度滞后，X一直缺货，所以导致这个季度的销售额也下降了。"

近藤："可是，工厂那边为了销售部一直在加班，厂长也说了会灵活对应。"

佐藤："确实如此，但工厂加班却是为了生产商品Y，而X的生产一直延后，这才导致面向西纳利欧公司的销售不力。"

大家怎么看待这段对话中佐藤的辩解呢？佐藤认为销售额下

降的原因是商品X的产量不足，但事实果真如此吗？是否还有其他的原因呢？

佐藤负责的西纳利欧公司的销售额下降，当然还可能有其他原因——比如，佐藤作为销售新人和客户以及工厂负责人的关系尚未熟络，因此便无法向西纳利欧公司销售能够替代X的商品以达成销售额的目标。另外，工厂厂长虽然也说了会灵活应对，但作为新人，佐藤恐怕也难以做到向厂长开口要求加快X的生产。

我们再来看其他案例。

"根据某个研究机构的调查，每周食用3次汉堡与薯条的人，死亡率是那些不吃汉堡与薯条的人的2倍。"

看到这个结果，也许很多人会觉得还是不吃汉堡和薯条为好。但是不吃汉堡薯条就能让死亡率减半吗？显然，我们无法得出这个结论。所以，乍一看过度食用汉堡和薯条似乎是原因，但其实还有其他的可能，比如"讨厌吃蔬菜"。不喜欢吃蔬菜的人很可能会吃更多其他的垃圾食品，而蔬菜的摄入不足也可能与死亡率密切相关。另外，个人作息也可以作为影响因素进行考量，比如，一些人因为工作太忙而没有时间吃饭，或者晚上加班到很晚，这些人吃快餐或者垃圾食品的可能性自然也更高。因此，过于忙碌这件事，与摄入垃圾食品以及"死亡"这两者可能都有关联。

　　所以，看上去存在因果关系的两件事，实际上可能还有自己没有注意到的"隐性"原因，而即便注意到了这些因素，有时候我们也会只考虑自己的立场，而隐藏某些原因。因此，对他人的发言"保持怀疑"，不"囫囵吞枣"，不"照单全收"地接收信息是很重要的。

"第三因子"与"疑似相关"

　　两件事明明没有因果关系，但看起来却好像有因果关系，这种情况我们称之为"疑似相关"。针对A和B这两件事，存在着影响它们的"第三因子"，这种情况下A和B就不是因果关系，而是"相关关系"。刚才的两个案例中，"销售新人""蔬菜摄入不足和作息过于忙碌"就是所谓的"第三因子"（见图2-8）。

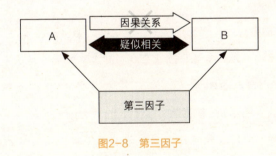

图2-8 第三因子

理由不能太"牵强"

在因果关系中，既有 A 导致 B 发生这样的直接关系，也有 A 导致 B 发生，进而 B 导致 C 发生的情况，这时 A 和 C 便是间接关系。对比来看，直接关系的关联性很强，间接关系的关联性则不是很强。

不过，即使 A 和 C 只是间接关系，也会有人将它们作为强关联的事物来表达自己的观点。

场景 ▶ 田中开公车出交通事故，正在被近藤科长训斥

近藤："开公车还出交通事故，你怎么搞的？这次是撞电线杆，下次撞到人怎么办？"

田中："实在是很抱歉。"

近藤："光道歉有什么用？你昨天下班又去游戏厅打游戏了吧？"

田中："嗯。"

近藤："就是因为你下班还去打游戏，才导致了交通事故！"

田中："科长，虽然我昨天下班回家路上顺便去打游戏了，

但是我觉得这跟交通事故没有什么关系啊。"

　　近藤："怎么会没关系？因为你下班后还去打游戏，所以你回家晚了。因为你回家太晚，所以你睡眠不足。因为你睡眠不足，所以你开车的时候注意力就不集中，没有及时刹车，这才导致了交通事故。很明显，下班后还去打游戏就是事故的原因。"

　　那么，近藤科长到底是不是说明了交通事故的因果关系呢？相信大家在看完案例后，都会认为近藤科长的推论非常牵强。让我们结合下图来进行分析（见图2-9）。

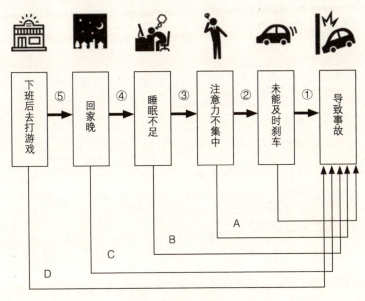

图2-9　原因与结果

导致交通事故的直接原因，是刹车踩得太晚（图中的①级关联），这个原因与结果的关联性很强。

那么，刹车踩晚了的原因又是什么呢？近藤科长说是因为注意力不集中（图中的②级关联）。的确，注意力分散会导致踩刹车不及时，但是这与发生交通事故并没有直接联系（上图中A线段的水平长度）。

近藤科长认为，导致注意力不集中的原因是睡眠不足（图中的③级关联），但是睡眠不足这个理由，和发生交通事故之间进一步拉开了距离（上图中B线段的水平长度）。

而导致田中睡眠不足的原因，被近藤科长认为是回家太晚（图中的④级关联），但这个说法与交通事故之间的距离更远了（上图中C线段的水平长度）。

下班后去打游戏，导致回家晚（图中的⑤级关联），近藤科长再这样说下去，恐怕只会与直接原因渐行渐远（上图中D线段的水平长度）。

如此看来，发生交通事故与下班后去打游戏，这两件事相距甚远，所以近藤科长得出 "下班后去打游戏导致田中发生交通事故" 的推论过于牵强。

当然，也有可能是近藤科长自己非常讨厌打游戏，所以从一开始，他就想将它和偶然发生的事故联系起来，才给出了如此牵强的理由。

因此，想要分析原因，绝不能像近藤科长那样 "一条线式"

地思考，而是要充分考虑到不同的可能性，这也就是后面章节会提到的"逻辑树"。

不知大家有没有听过这句日本谚语："只要刮大风，卖木桶的就能赚大钱。"它说的是，一刮大风就会扬起灰尘，如此一来，人们患眼病的概率增加，社会上的盲人就会增多，又因为日本的盲人大多弹三味线[①]，而制作三味线的原材料是猫皮，于是猫的数量减少了，老鼠的数量增加，老鼠就会咬坏更多的木桶，购买木桶的需求自然上升，木桶匠便可以因此大赚。

这句谚语旨在提醒人们小概率事件也是有可能发生的，但也仅仅是可能。刮起大风，卖木桶的就能赚钱，这种关联事件发生的概率本身就很小，如果木桶匠认为"只要刮风就能赚钱"，实在是牵强得很。同理，上述案例中，近藤科长所说的"下班后去打游戏就是事故的原因"也是十分牵强的。

---

① 日本的一种弦乐器。乐器由四角状的扁平木质板面蒙上皮制成，琴弦从头部一直延伸到尾部，通常会用银杏形的拨子来弹奏。

指出对方发言中的"问题"

在生活中，我们会碰到各种各样的辩解和说明，其中有因果关系"有问题"的不在少数。找出这些问题很重要，如果不能准确判断是否存在因果关系，就轻易地下结论，就极有可能做出错误的决定。

下面的案例中，A公司的田中正在与近藤科长对话，请你站在近藤科长的立场对田中进行提问。背景信息如下。

A公司总部位于东京，全国范围内共有20名销售人员。

如图2-10所示，A公司销售人员的分布为：北海道1名、东京13名、大阪5名、福冈1名。A公司的销售额构成比例则为：东京占90%、大阪占5%、北海道和福冈分别占2.5%。A公司的大客户"思维"公司（总部也位于东京）在A公司的总销售额中占比极高，几乎左右了整个公司的效益。

A公司的竞争对手B公司的总部也在东京，他们安排了与A公司几乎相同的人数来向"思维"公司进行营销。A和B两个公司的销售额构成也几乎相同，所以常常针锋相对。

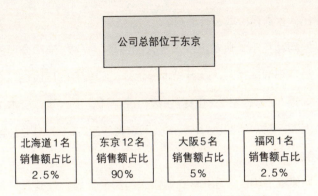

图2-10 A公司的销售人员分布与销售额构成

场景 ▶ "文不对题"的田中

近藤："这个季度面向"思维"公司的销售业绩不行啊，尤其是被竞争对手B公司抢去了不少生意。为什么会被抢生意呢？"

田中："原因很明显，因为他们公司的销售人员都很优秀。"

近藤："具体指的是？"

田中："具体来说，他们公司负责大阪区域的销售员松本，不仅商品知识丰富，而且拥有高超的沟通技巧。面对客户的需求，他提问和倾听的能力都很突出，他的销售企划也都是根据客户的需求来定制，所以，客户很难对松本的提案说不。上个月，行业新闻里还有对松本的采访，可以说，他是难得一见的优秀人才。"

听完田中的说明，大家觉不觉得奇怪？"思维"公司的销售额被B公司抢走，田中认为原因是B公司的销售人员很优秀，而且还拿出销售人员松本进行举例。

但问题在于，只举出松本一人的例子，无法证明B公司的销售人员"都很优秀"。就算松本很优秀，他负责的区域也只有大阪，如果A、B两家公司的销售额构成一样，那么就算松本再优秀，大阪区域销售额也只占到B公司总销售额的5%，对总销售额的影响并不大。

如果要说明B公司所有的销售人员都很优秀，就要首先拿销售额占比90%的东京区域的销售人员来分析（见图2-11）。

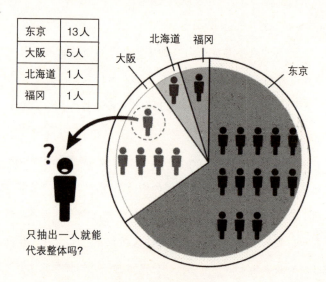

东京	13人
大阪	5人
北海道	1人
福冈	1人

只抽出一人就能
代表整体吗？

图2-11 抽样问题

这个案例中的问题，实际上是"抽样问题"，也就是说我们在说明某件事时，需要选择合适的样本。对A公司与"思维"公司业务影响最大的是占销售额90％的东京区域，所以，如果要说明B公司的销售人员优秀，就需要首先以东京区域的销售人员来举例。

当然，在这个案例中，样本数量也存在问题。如果东京的销售人员很优秀，就要尽可能多地调查东京的销售人员。仅举出一个"金牌销售"人员并不能说明B公司所有人都是优秀的。如果田中认为，A公司销售额减少的原因是B公司的销售人员太优秀，那么仅仅举出在B公司负责大阪地区销售业务的松本是远远不够的。

以偏概全

　　以偏概全指的是在调查某项事物或者说明某件事时先入为主的观念。比如在刚才的案例中，如果田中要表明B公司的销售人员优秀，就需要以东京的销售人员为主进行抽样并说明，而如果只选择大阪的销售人员的话，便是"以偏概全"，导致他的说明不具说服力。

　　有些以偏概全是潜意识的，但也有人会故意选择某个样本，以说服他人听信自己，这种时候我们要明辨其中的意图，并指出对方的问题所在。

LOGICAL
THINKING

第二章 ——

『整理』逻辑的基本原则

张口就来的人容易吃亏

当大家还是小孩子的时候，相信很多人被母亲呵斥过"把脱下的鞋子摆好"，而把校服随意乱丢，以至于上学前找不到校服的情况，恐怕也很常见。如果要对逻辑进行整理，就必须考虑左右、上下、前后等"对应关系"。无法从"对应关系"角度整理逻辑的人，容易片面思考，他们在工作中往往也不顺利。

我也曾有过类似的经验教训。我在日本环球影城（Universal Studios Japan）工作时，曾经被当时的上司指出过我的提案的不足之处，这里我将进行场景再现。你也可以站在我的上司的立场上，思考我的提案中有哪些不足。

场景 ▶ 让上司难以做决定的企划提案

我："部长，为了增加游客量，我想制订在暑期发行傍晚时间段的优惠通票企划。"

部长："这个主意不错，跟我说说具体的内容吧。"

我："嗯，企划内容就是在7月20日到9月30日的暑期，增加下午五点之后的优惠通票这一票种。这样可以增加园区整体的销售额，放学后的学生、下班后的公司职员等都可以购买这种优惠通票入园，销售额也能因此上升。相应地，如果增加晚餐供给，餐厅的销售额也能增加，如荧光棒等周边产品的销售额也可能随之上涨。"

部长： "这就是你的全部说明吗……你的企划内容我知道了，但是只凭这些我很难做决定啊。"

为什么部长难以做出决定呢？实际上，这与刚才所说的对应关系有关——我的提案中只提到了好的方面，而没有提到任何不好的方面。部长想知道的是，发行优惠通票有哪些优缺点，如果不对比并权衡利弊，恐怕他很难做出决定。

所以，上述案例中，我其实还应该阐述这个企划的不足之处。

我： "不过，增加晚间通票会产生额外的费用，比如晚班工作人员的人工成本。早班工作人员已经不能再上晚班了，所以，我们需要额外招聘晚班工作人员。招聘、培训等都会产生额外的费用，而且还需要给晚班工作人员发放夜间补贴。另外，由于是夜晚营业，所以园内的安保人员也需要比白天更多，这又会产生新的费用支出。不过，即使有这些额外费用产生，发行晚间通票依然能带来更多利润！"

　　左右、内外、优缺点等这样的"对应关系"如果放在一起整理，就能够帮你做到全面而非片面地看待事物，这在逻辑思维中是十分重要的。

"思考事物的两面性"

在学习逻辑思维的过程中，将左右、内外、优缺点等结合起来思考是十分重要的。能对事物的两面进行思考的人，往往能提出合理且灵活的想法。这里为大家介绍几个例子。

利与弊

我们计划做某事时，就会有所行动。但正所谓有得必有失，在思考得与失之后再做决定的人，往往不会后悔。

我通过攻读在职研究生，取得了工商管理硕士学位，所以有很多职场人士找我咨询读在职研究生的利与弊。其"利"当然是可以取得硕士学位，另外，由于短时间内需要进行高强度学习，因此也能收获时间管理能力和自信心等，而其中最大的收获莫过于能结交一些志同道合的同学。

相对"利"而言，它的"弊"则是高昂的费用和付出的大量时间与精力，甚至还可能因此损害自己的健康和家庭关系——本身工作就已经非常忙碌，如果同时攻读在职研究生，很可能导致身体出现问题；同时，与家人相处的时间减少，家庭关系也可能出现一些问题。所以，我经常告诫他们，要在平衡学业、事业、家庭的前提下做决定。

理想与现实

一位年轻男子想贷款买法拉利，被周围的人批评说他"不自量力"——这就是一个典型例子。开上法拉利，受到周围人的瞩目是他的理想，但实际问题是，他并没有那么多钱。结合现实，也许购买符合他收入水平的车才更妥当。

这组关系可以运用在很多场景中，比如，企业在进行战略规划时，首先要明确自己的愿景是什么，然后再分析现实，继而梳理出具体的计划。这种思维方式也称为"差距分析"，即明确现实状态与理想状态之间的差距，从而分析得出实现理想状态的计划与策略。

产品导向与市场导向

在A公司的企划会议上，田中与近藤科长正在讨论新商品的企划内容。

场景 ▶ 针对需求不明晰的新商品的企划进行质问

田中："这款最新型的产品终于开发成功了！有了这款电脑和打印机一体的复合型机器，不用再等电脑和打印机连接，就可以一气呵成地完成打印流程，就把它命名为'电印机'好了！"

近藤："确实是不错的机器，这是谁的想法？"

田中："当然是我自己了！经年累月的想法与努力终于变成了现实，相信下季度的销售额也会因此大幅上升！"

近藤："消费者需要这样的商品吗？"

田中："那是当然！分别购买电脑和打印机，还要将它们连接起来，多麻烦啊。有时候，数据传输不畅还特别浪费时间。"

近藤："但是，那么大的机器，要放在家里的什么位置？恐怕没有谁的家里可以放得下。我问过不少顾客，大家都说想要体积小、传输快的打印机，如果是既不占地方又能够顺畅连接无线网络的高性能打印机的话，大家会更感兴趣。"

田中："顾客可能确实是这样想的，不过只要他们看到这台打印机，一定都会趋之若鹜的！"

田中的企划怎么样？作为创造性的商品，"电印机"也许令人瞩目，但它是否满足了客户的需求呢？

我们将田中的思考方式称为"产品导向"式思维，指的是以技术或经验为基础进行商品开发的思维方式。近藤科长的角度则是市场导向式思维，这种思维是以客户需求为基础来进行商品策划和开发的。

产品导向式思维更能够推动具有创造性的产品问世，但因销量不好导致失败的风险也更高。与此相对，市场导向式思维是从顾客的需求出发进行商品研发，风险相对较低。不过，其他公司同样可以掌握顾客需求,所以很容易造成大量商品同质化的情况。我们不能断言这两种思维方式孰优孰劣,而是更应该综合这两种方式的优点进行考量。

"对称""对比""对象"

　　所谓"对称"是指完全相反的两个概念，二者之间彼此呼应、相互依存，例如我们常说的左右、上下等。与"对称"类似的，还有"对比"和"对象"。"对比"指的是两个事物互相比较时，呈现出明显不同的状态，例如"明明是兄弟，性格差异却这么明显"等。"对象"则指的是意识或行为发生时的客体，例如研究对象、恋爱对象等（见图3-1）。

图3-1　对称、对比、对象

"不重不漏"地思考

在上一节，我们讲述了对事物的两面进行思考的重要性，本节将进一步说明。请看下面的场景，近藤科长准备在办公楼附近安装交通信号灯。

近藤："公司办公楼对面的十字路口没有交通信号灯，那里很容易发生交通事故。为了防止事故发生，我想在那里装一个信号灯，你们能不能去把灯买来？"

根据近藤科长的指示，A、B、C、D分别买来了信号灯（见图3-2），其中谁买得最正确呢？毫无疑问，A买对了，B、C、D都出现了错误。

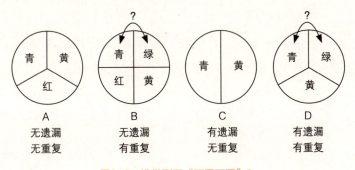

图3-2 谁做到了"不重不漏"？

A买了有青、黄、红三种颜色的信号灯[1]，既没有遗漏，也没有重复，可以说是"不重不漏"。

B则买了有青、绿、黄、红四种颜色的信号灯，乍一看好像买了不同的颜色，但是青色和绿色的作用是一样的，如果这两种颜色同时存在于信号灯中，反而容易引起混乱和事故。因此，B虽然没有遗漏，但有重复。

C则只买了有青色和黄色两种颜色，而没有红色的信号灯。如果信号灯没有红色信号，大家都不停下，也容易引起事故。C购买的信号灯没有重复购买相近的颜色，所以是"有漏无重"。

D买了有青、绿、黄三种颜色的信号灯，不仅没有红色，绿色又与青色重复，属于"有重有漏"的采购。青灯和绿灯容易让人混淆，没有红灯则不能提醒人们及时停下，所以，D采购的信号灯组合是四人中最危险的。

如果要设置正确的交通信号灯，就必须有且仅有青、黄、红三种颜色，这样的方式才是"不重不漏"的。

我曾因为没有掌握这种思维方式，而经常被上司训斥。那是我在佳丽宝（Kanebo）公司做销售的时候，刚好遇上1995年的阪神大地震[2]。山阳地区的新干线高架桥倒了，导致列车停运，

---

[1] 在日本人的常识里，只有"红青灯"的概念。当交通信号灯亮起"青信号"，就可以通行。

[2] 指1995年1月17日发生在日本关西地区的里氏7.3级地震灾害，因受灾范围以神户至大阪间的都市为主而得名。

政府花了大约80天抢修，线路才得以恢复。我当时是冈山地区的销售负责人，经常去冈山出差。由于新干线停运，短期内没有地面的公共交通方式可以通往冈山，也正是那个时候，销售部长对我说了下面这些话。

部长："久保田，地震后，你一次都没去冈山出差吗？这个时期不正应该去客户那里问问他们有什么困难，我们能帮上什么吗？"

我："您说得对，但新干线停运的事您也知道吧？这还让我怎么去冈山出差呢？"

部长："久保田，你还真是视野狭隘的'死脑筋'啊，作为地区负责人，你就不能多动动脑子？"

为什么部长说我"死脑筋"呢？因为我认为去冈山出差必须乘坐新干线列车，所以新干线一停运，我就觉得自己不能出差了。但实际上，当时有临时开设的从大阪伊丹机场到冈山桃太郎机场的航班，虽然平时从大阪到冈山是坐新干线更快，而且两地平时也没有航班通行，但由于地震时期情况特殊，所以航空公司专门安排了临时航班。

正因为我自己没有调查清楚，觉得只有坐新干线才能去冈山，才会被上司说"死脑筋"。何况也许还有从大阪港口到冈山港口的线路呢？那时的我只考虑到了地面交通这一个选项，而没有将"海陆空"都纳入交通方式的考量。我那时因为思维的局限，而受到部长的指责也是理所当然的。

专栏 **"MECE"（不重不漏）**

　　"不重不漏"的思维方式也称作"MECE"，由相互性（Mutually）、排他性（Exclusive）、集合性（Collectively）和彻底性（Exhaustive）的英文首字母组合而成，合起来指的就是"相互独立又完全穷尽"的意思，即"没有重复也没有遗漏"的状态。

　　思考左右、内外、优缺点等"对应关系"的思维方法可以叫作"MECE"，而在刚才的信号灯和出差的案例中，考虑青黄红、海陆空三要素之间关系的思维方式也可以称为"MECE"。无论是多少个要素，只要没有遗漏，也没有重复，"MECE"就是成立的。

用"PDCA 循环"管理工作时间

"不重不漏"的思考方法同样适用于时间管理。在时间管理上"不重不漏"的人能够更高效准确地完成工作。

我们再来看一个案例。A公司的田中正在筹备新产品的展会。田中每年都会开展产品企划，并外包给工厂进行制作。此外，田中每年还会筹办两次展会，以展示公司产品，从而获得更多的订单。

场景 ▶ 为什么近藤科长说田中"有始无终"？

田中："近藤科长，下次的产品展示会我想安排在9月。"

近藤："9月啊，产品的准备都做好了吗？"

田中："新产品已经下单，7月底我们应该就能从工厂拿到样品；会场也已提前预约完毕，邀请的客户清单也做好了；包括会场费用在内，总预算大概300万日元；展示会当天的流程表也做好了。"

近藤："不愧是拥有7年经验的田中，显然这已经变成你的专长了。上次的展会从入场登记、名册整理、会场引导、资料分发、产品说明到最后的问卷回收，也是没有一丝纰漏地完美完成呢。"

田中："谢谢您的夸奖，那么这次的方案也和上次一样没有问题吧？"

近藤："在开始前我想问下，上次的展示会到场人数有300人左右吧？"

田中："对，大大超出目标人数250人，还被老板表扬了。"

近藤："我记得上次到场者里有近180人做了调查问卷，问卷的结果将如何反映在这次的展示会中呢？"

田中："问卷调查啊，从调查结果来看，大家满意度都很高，应该没有问题。"

近藤："满意度高是好事，但是留言栏你都看了吗？在我和'思维'公司的负责人聊天时，他说9月是公司的年中决算期，非常忙碌，希望我们再考虑一下展会的时间，这些他都写在调查问卷里了。还有'管理'公司的负责人说会场离车站很远，附近又没有停车场，如果下次还在同一地点举办，他就不一定能来了，他说这些都写在调查问卷里了。"

田中："近藤科长，客人自由发挥的留言栏总是这也写、那也写，要是我们都一一解决，怕是什么工作也没法做了。"

近藤："什么？像这样宝贵的意见，你竟然没有在下一次的展会方案里解决？真是有始无终！"

看了田中和近藤科长的对话，大家怎么想呢？的确，田中工作做得很好，但却没有认真对待好不容易回收的调查问卷中客户所填写的意见和建议，并在下一次的展会企划中进行改进。我们可以用"PDCA循环"来解释，"PDCA"即计划（Plan）、执行（Do）、核查（Check）、应对（Action）四个单词首字母的组合。现在，让我们用"PDCA循环"整理一下刚才田中的工作方案。

计划（Plan）：上一次展示会，新产品分发、会场预约、邀请的客户名单制作、控制预算、展示会当天的进程表等计划内容都顺利完成。

执行（Do）：上一次展示会，从入场登记、名册整理、会场引导、资料分发、产品说明到最后的问卷回收都顺利完成。

核查（Check）：虽然完成了问卷回收，但田中没有核查问卷的内容。展会结束后，田中对展会尚待改善之处的整理也不充分。

应对（Action）：因为核查不充分，田中并没有给出能够让下一次的展会更完善的对策。

像这样从"PDCA循环"的角度看田中的工作，就会发现其中的"C"（核查）和"A"（应对）并没有完成好，所以近藤科长才会说田中"有始无终"。

在其他案例中，除了遗漏"C"和"A"，也会有人遗漏"P"和"D"：没有计划性、随心所欲工作的人往往会遗漏"P"；做好计划以后却不付诸行动的人常常遗漏"D"。同样，工作中也会发生"重复"，比如毫无意义地重复同一工作，或者多人产生重复劳动的情况。"不重不漏"的思维方式可以帮助我们审视自己的工作方法。

"PDCA循环"与"管理循环"

与"PDCA循环"相似的，还有"管理循环"，即亨利·法约尔[①]（Henri Fayol）提出的"管理的5项职能"。它由计划、组织、指挥、协调、控制这5个过程组成。作为一种古典管理理论，它看起来似乎有些难以理解，所以我简单说明一下。

所谓"计划"，就是预测趋势并制订相应的计划；"组织"则是指制订执行计划需要的体制以及分工；"指挥"是指管理者为了能让计划顺利执行，向下属下达指示；"协调"则能让计划执行更顺畅，人员间关系更和谐；"控制"是指管理者需要确认计划、组织、指挥、协调等步骤是否顺利推进，如果出现问题就要着手解决。如果将"管理循环"和"PDCA循环"进行对应，那么"计划和组织"对应"P"，"指挥和协调"对应"D"，"控制"则对应"C"和"A"。

[①] 法国管理学理论学家，古典管理理论的创立者。

"框架法"—— 一种实用的思维整理方法

"不重不漏"的思维方式确实重要,但要想整理好思维,需要找到"切口"。这并非易事,而且"切口"的选取是否正确,通常自己也很难判断。这时我们可以通过使用"框架法"来选择合适的"切口"。

我举一个简单的例子。A公司要进行团建,准备举办烧烤派对,并让田中来负责。虽然说团建活动是为了放松,但公司高层和各部门员工都会参加。田中很努力地策划了整个派对,可当天还是听到了很多不满的声音。

场景 ▶ 同事对于团建活动的各种不满

A:"今天是星期六吧?好不容易能休息,为什么要举办烧烤派对?这明明就是加班吧!"

B:"明明是公司的活动,却有人带孩子一起来参加,要是可以带家人来,为什么不早说呢?我的孩子还独自留在家里呢。"

C:"准备的食材就只有牛肉、猪肉、鸡肉、香肠这些肉类,蔬菜完全不够啊!"

　　部长："说是要让我做个发言，我以为是开场的敬酒词而已，结果却是要我最后总结，到那个时间我都快喝醉了，哪里还能记得要讲什么？发言的时间就不能早点告诉我吗？"

　　田中在繁忙的工作中抽出时间做策划，结果却收到了这样的反馈意见，相信他会相当郁闷。不过，同事们发出的这些牢骚，也确实是因为策划人田中考虑不周——他的策划出现了遗漏和重复。

　　为了避免这样的情况发生，可以运用"框架法"。只需要遵从"5W3H"原则对方案进行评估就可以了，"5W3H"即时间、地点、谁、做什么、为什么、怎么做、数量和费用。

　　A的不满来自对"为什么"的不理解，即为什么要在周六举行烤肉派对，那么，田中只需要对派对的目的进行说明即可。例如，"平时和其他部门交流较少，烤肉派对是为了增进和其他部门的交流而举行的"，除了传达这个目的之外，还可以说明"因为工作日下班后，住得远的员工很难参加派对，所以专门选在了周六举行，另外派对本身并不是工作内容，是否参加可以自己决定"。

　　B的不满来自"谁"的不明确。田中需要事先明确谁可以来参加这个派对，"领导是否可以参加""是否能带家人""是否能带朋友"，如果这些都明确了，B也就不会有不满了。

　　C的不满是因为"什么"的不明确，也就是没有购物清单的问题。要举办烧烤派对，就需要准备肉类和蔬菜，但当天的食材只有肉类的大量"重复"，而"遗漏"了蔬菜的准备。

部长的不满是关于"怎样"的不满，具体来说就是派对没有明确的流程。如果要让部长发言，那么无论是在开场时发言，还是在结束前发言，都需要提前告知。这样一来，田中便不会受到部长的斥责了。

不仅是烧烤派对，在做任何活动策划时，按照"框架法""不重不漏"地推进，也就不会听到这些不满的声音了。

活用"框架法"

"框架法"乍一听好像很难，实际上并非如此。"框架法"就是套用诸如"5W3H"这样的"框架"，向已经准备好的"框架"里"投入"必要的内容。只要这样做，你就能做到"不重不漏"地思考。

越早熟悉"框架法"，我们便能越早处于有利的地位。所以，类似"5W3H"这样的"框架法"是职场新人必须要掌握的。

让我们来看看近藤科长给田中布置工作的场景，如果你是田中，你会如何处理近藤科长的指示呢？

场景 ▶ 近藤科长的指示过于模糊

近藤："田中，不好意思啊，你这么忙，我还打扰你。"

田中："科长，找我什么事？"

近藤："田中，这里有5页资料，你能不能帮忙复印20份拿到总务部？"

田中："5页资料，复印20份拿到总务部，知道了！"

田中是否完全理解了指示内容呢？实际上并非如此。虽然近藤科长没有说得很清楚，而在科长没有给出具体指示的时候，作为员工的田中应该确认工作的详细内容，让科长能够安心地将工作交给自己。上述案例中，田中应该如何进行确认？我们可以按照"5W1H"的方法来思考。

When（时间）

田中应该向科长确认期限："这个资料需要几点之前送到总务部呢？"

Where（地点）

虽然近藤科长说"拿到总务部"，但在大公司里，员工依然有可能分不清是"哪里"，所以田中还应该确认："总务部指的是总公司的总务部还是大阪分公司的总务部呢？"

Who（谁）

如果不知道交付对象，即使田中拿着资料去总务部问"这份资料该给谁"，对方也可能一无所知，所以田中要向近藤科长确认："这些资料要交给总务部的谁呢？"

What（做什么）

关于"做什么"，上述场景中有明确内容，即"复印20份资料拿到总务部",因此这一点上没有问题。

Why（目的）

上述的案例中，恐怕田中难以向近藤科长直接询问"为什么"，不过，他有必要思考"为什么是自己来做这份工作"以及"这份资料有何意义"。如果这些资料是机密文件，那么就需要考虑保密，而不能只是单纯地复印了事。

How（怎样）

这一点十分重要，近藤科长的指示中漏掉了很多具体内容，所以，田中应该像下面这样进行确认。

场景 ▶ 田中灵活应对近藤科长的模糊指示

田中："关于复印20份资料，我有几点想跟您确认。黑白还是彩色？单面复印还是双面？"

近藤："单面，彩印吧。"

田中："好的，单面彩印20份。复印完的资料需要用订书机固定吗？还是需要用打孔机？"

近藤："用订书机在左上角固定吧。"

田中："好的。另外，这份资料好像涉及机密信息，需要分别装入信封中吗？"

近藤："确实是有机密信息，不过倒也不需要装信封，拿给总务部的时候，让他们好好保管就行。"

田中："好的。"

像这样进行确认后，田中就能更清楚地了解到这项工作的具体要求，但实际上，田中还有一件事没有确认，大家注意到了吗？——资料原件怎么办？是还给近藤科长，还是一并交给总务部？

乍一看十分简单的复印工作，其实需要确认的事项很多，而上司有时候并不会说得那么详细。因此，我们更需要一一进行确认，虽然上司可能会觉得有点麻烦，但按照自己的理解任意行事则可能造成严重的后果。在确认的过程中，"5W3H"框架法可以帮助我们对工作的细节进行确认。

另一方面，公司领导也应当在安排工作时活用"5W3H"。大多数人恐怕都不愿意和"漏洞百出"的领导一起工作，但作为员工，往往又不能直接对上司说"请给出没有重复和遗漏的指示"，所以，作为领导，更应该运用好"5W3H"框架法。

善用"框架法"

"框架法"有很多种类，并不需要我们一一掌握。当遇到问题时，只要自己知道采用哪种"框架法"更合适就可以了。

A公司产品的销售状况不佳，需要讨论对策。销售会议上，近藤科长让销售人员积极发表自己的意见，于是有了以下讨论。

场景 ▶ 会议上畅所欲言的销售人员

销售A： "我觉得公司的产品种类太少了，如果不开发更多的产品种类，销售额就很难增加。"

销售B： "不对，我觉得是产品的价格太高了。如果价格能降低点，一定能卖得更多。"

销售C： "大家的想法未免太过时了。就因为一直讨论新产品、价格，所以才没个结果。我觉得，销售状况不佳主要是因为我们公司的线上渠道不通畅，与其讨论线下店铺要怎样，不如在线上渠道多发力。"

销售D： "消费者对产品没有认知才是问题所在吧？我觉得，首先得在电视台的黄金时段投放广告，提高消费者对产品的认知度。"

　　销售人员针对产品销售方案畅所欲言，我们应该如何整理他们的发言内容呢？这个时候要用到的"框架法"就是市场营销中的"4P"，即"商品"（Product）、"价格"（Price）、"渠道"（Place）、"促销"（Promotion）的英文首字母组合。所谓市场营销，就是在讨论"4P"的基础上做出综合决定。

　　重新整理各个销售人员的发言便会发现：A的发言是关于"产品"；B的发言是关于"价格"；C的发言关于"渠道"；D的发言则涉及推广与"促销"。

　　市场营销方案制订过程中，不能只选择其中某一点进行研究，而是需要将"4P"全部纳入考量，并根据预算、时间等因素，决定具体的营销方案。所以，想要提高销售额，公司不能只着眼于一点，而是要在纵观"4P"的基础上进行综合分析。

　　我们再来看另一个案例。A公司规模较小，运营着几家便利店，并委托食品加工公司制作招牌便当产品。最近，客户投诉频繁——主要是针对煮南瓜、腌萝卜等产品的问题。为了处理这些投诉，以田中为代表的数名员工被派到工厂进行调查。但是，工厂流程繁杂，他们根本无从下手，所以调查组的成员们先进行了一定程度的假设，并在此基础上进行调查。于是便有了如下的讨论。

　　场景 ▶ 调查组成员的讨论

　　调查员E： "出现这种问题，肯定是工厂的员工有问题，业务不熟练就容易出状况。"

调查员F："我觉得是机器的问题吧？他们可能用的是超过使用年限的老机器。"

调查员G："一般出现这种情况，很多人容易忽视原材料。如果原材料有问题，便当自然也会有问题。"

调查员H："我觉得是工厂缺少统一标准，因为没有标准，所以产品质量不稳定，导致了问题的发生。"

调查员给出了各种各样的意见。我们应该如何整理呢？这种情况下，我们可以使用"4M"框架法。"4M"是用于发现制造业问题的框架法，是"人"（Man）、"机器"（Machine）、"原材料"（Material）和"方法"（Method）的英文首字母组合。制造业中的问题，往往可以从"4M"的角度进行综合调查。

通过整理调查员的意见，我们可以发现：调查员E认为是"人"的问题，调查员F则认为问题出在"机器"上，调查员G觉得应该关注"原材料"，而调查员H怀疑工厂规章制度不健全，即"方法"有问题。

当工厂出现问题时，我们不应该想当然地只调查某个特定要素，而应该综合调查"4M"中的所有要素来分析问题的原因。掌握了"4M"框架法之后，你对于问题的分析往往会更顺利。像"4P""4M"这样的"框架法"还有很多，遇到问题时，你应当活用适当的"框架法"，这样便可以做到严谨周全、因地制宜。

穷尽式思维

掌握了"4M"框架法的田中，踌躇满志地准备进入工厂调查。他打算从"4M"中的四个"切口"着手，但是到了工厂后，田中却依然摸不着头脑，调查员也你一言我一语地说了起来。

场景▶ 畅所欲言的调查员

调查员E："我从'人'的角度考虑，觉得在产品制作过程中负责洗菜、切菜的人有问题，可能他切菜的方法不够熟练。"

调查员F："不对，从'机器'的角度出发，我觉得应该是出厂时叉车的操作有问题。工厂的叉车已经使用了很多年，前端都已经被压弯了，根本无法平稳地搬运货物，才导致卸货时便当箱倾斜。"

调查员G："从'原材料'的角度来看，问题可能出在配料上。同样是白色粉末，砂糖、盐、小麦粉等很容易搞混，所以应该是原材料用错了。"

调查员H："不对，肯定是工厂规章制度的问题，按道理说，工厂应该有明确的'方法'。但是根据我的调查，现在这家工厂仅有关于叉车的使用管理办法，而从原材料入库，到货品出库质量，则完全看业务员水平。"

几名调查员的意见，看似符合"4M"的各个分析角度，既没有重复也没有遗漏，但是，他们的逻辑依然存在一些漏洞。

在调查员们的发言内容中，实际上还有另一个"切口"——"流程"（Process）。食品工厂的流程至少包括下单、入库、检验、保管、清洗、切菜、加热、调味、装盒、冷却、保存、出库等一系列操作。任何一个环节都可能出现问题，如果只检查某个特定步骤，就很有可能发生遗漏，所以将各个流程进行"穷尽式"调查十分重要。这里，我们简单地将生产流程分为"流程上游""流程中游""流程下游"三个阶段，将"4M"中的"切口"与"流程"中的"切口"组合，制作了如下表格（见表3-1）。

表3-1 网罗式思维

	流程上游	流程中游	流程下游
人		洗菜、切菜不熟练	
机器			老式叉车
原材料	白色粉末状配料的保管和使用流程		
方法	规章制度不完善（仅有关于叉车的使用管理办法）		

纵览全表，空白的地方没有展开调查，即出现了遗漏。以"4M"为纵轴，以"时间"或"步骤"为横轴，便可以网罗式

地列举出需要考虑的要素。

　　像这样将纵轴与横轴中的"切口"组合，并将其标示出来的方法，我们称之为"矩阵型框架法"。使用矩阵型框架法可以使调查更详尽，从而尽可能地避免遗漏。

矩阵型框架法

矩阵型框架法也称"双轴图"。纵轴和横轴的内容不同，分析框架也各异。双轴图中最简单的，是由相对应的两组事项构成的"切口"组合，如常见的"价格高低""大、小""重要、不重要""紧急、非紧急"等。在决定事物优先顺序时，人们经常使用以"重要、不重要"和"紧急、非紧急"双轴构成的矩阵分析法。将工作在矩阵中进行整理、分类后，就可以明确应该最先处理的事项，即"重要且紧急"这一象限中的内容。这样的矩阵也称为"四象限矩阵"（见表3-2）。

表3-2　四象限矩阵

	非紧急	紧急
重要	重要但非紧急	重要且紧急
不重要	既不重要也非紧急	不重要但紧急

用"矩阵思考"进行自我分析

"矩阵型框架法"中，根据纵轴和横轴项目的不同，会衍生出各种各样的分析框架。其中最有名的，要数刚才的"重要——紧急矩阵"框架法。此外，还有应用范围较广的"SWOT分析法"，这种"框架法"既可以用于企业的环境分析，也可以用于个人的自我分析。

这里，我们以佐佐木先生（后文简称佐佐木）的面试场景为例，使用"SWOT分析法"来分析他适合怎样的工作。

场景 ▶ 佐佐木正在和田中商量就职的事

佐佐木： "田中先生，其实我不太知道自己适合怎样的工作，对参加面试也提不起兴趣，我感觉自己的求职有点停滞了。"

田中： "倒也不必太着急，做好环境和个人分析，你就能做出最恰当的选择。"

佐佐木： "主要是，我也搞不懂自己。"

田中： "那佐佐木，你觉得自己擅长什么呢？"

佐佐木： "我在美国留学过一年，回国后也一直在英语学校学习，所以我觉得自己的商务英语水平应该还不错。"

田中："那很厉害啊。"

佐佐木："但是理科就不行了，尤其是化学符号，我总是记不住。"

田中："那你身体状况如何呢？有没有喜欢的运动？"

佐佐木："倒是没有加入过什么运动类社团，但我经常参加市民马拉松，每年都会跑完全程马拉松。"

田中："那你体力和精力也很好啊！"

佐佐木："另外，我还有个不知道该不该说的弱项——我的数学也不好……仿佛我对数字和公式'过敏'一样，看到那些难解的方程式，我就像浑身起疙瘩一样，特别不舒服。"

上述谈话中，田中了解了佐佐木的长处和短处。接下来，我们来听听他对于工作环境的想法。

田中："不如我们换个话题，聊聊最近哪些领域的前景比较好吧。"

佐佐木："前景嘛……我觉得，随着外国旅客的数量不断增加，可以为我国带来更多旅游收入；另外，环境保护方面也有不错的商业前景；从医疗方面来说，病毒研究、癌症治疗、阿尔茨海默病等领域也有广阔的需求和发展前景；5G网络的普及，也催生了很多新的互联网业态；而伴随着社会高龄化，那些充满精力的老年人也可以成为新时代商家们的机会。"

田中："佐佐木的观察很细致嘛！那么反过来，当今的社会又存在哪些'威胁'或'隐患'呢？"

佐佐木："我觉得，社会中的年轻人正在不断减少，所以首要问题是劳动力不足，税收和养老金等问题也不能忽视。另外，人口不断向城市集中的问题也没有得到改善。"

上述对话中，二人讨论了与工作环境相关的内容，接下来，他们就要思考佐佐木适合的工作是什么了。

田中："佐佐木，看来你懂的很多嘛。那么，刚才的那些机会，你觉得有哪些是自己可以把握的呢？"

佐佐木："我觉得，外国游客的数量以后还会增加，所以，与此相关的工作可能是我的机会。"

田中："那么，你觉得自己有哪些长处可以发挥？"

佐佐木："应该还是自己的英语能力吧。"

田中："英语相关的工作有很多啊，你跑马拉松培养出的体力和精力最好也能派上用场。"

佐佐木："是啊，尤其是负责接待外国游客的导游，由于需要长时间跟团，这份工作要有充足的体力才可以胜任。从这点来看，以外国游客为主要服务对象的跟团导游似乎很适合我。"

田中与佐佐木的对话，看似是普通的聊天，实际上是在套用"SWOT分析"，这里将他们的对话内容整理为表格（见表3-3）。

表3-3 佐佐木的"SWOT分析"结果

	加分项	减分项
个人分析	长处	短处
	•较好的商务英语能力 •能够跑完全程马拉松，体力和精力较好	•不擅长理科，读不懂化学符号 •不擅长数学
	机会	威胁
环境分析	•外国游客增加，带动旅游业消费 •环保领域的良好前景 •病毒研究、癌症治疗、阿尔茨海默病等医疗领域的良好前景 •一些充满精力的老年人或是新的商机所在	•年轻劳动力不断减少 •税收、养老金问题 •城市人口集中

可以看到，田中与佐佐木的对话完美地嵌入了四象限中。当然，进行"SWOT分析"并不是目的，得出结论才是最重要的。比如，在讨论工作机会的时候，外国游客的增加或许是对佐佐木的一个利好，而为了能够抓住这一机会，并发挥佐佐木英语和体力上的优势，他们得出了让佐佐木从事以外国游客为服务对象的跟团导游这一职业的结论。

"SWOT分析"与"SWOT交叉分析"

"SWOT分析"是一种企业战略分析方法，它以积极和消极的要素为横轴，内因和外因为纵轴，将其组合为优势（Strength）、劣势（Weakness）、机会（Opportunity）、威胁（Threat）四个象限，并以这四象限的英文首字母得名"SWOT分析"（见表3-4）。

将"SWOT分析"中的"优势"和"劣势"置于横轴，"机会"和"威胁"置于纵轴，并以此来确定战略的方法又称为"SWOT交叉分析"（见表3-5）。

通过观察"优势"与"机会"叠加的象限便可得出，公司应当从何处发力；分析"劣势"与"机会"叠加的象限后，则可以明确公司应当补足的短板；"优势"和"威胁"叠加的象限是公司应当尽量避免的"逆风而行"的赛道；"劣势"与"威胁"相叠加的象限则指出了面对挑战时公司应当如何"避短"。

像这样利用四象限组合进行决策的过程，也被称作"战略规划"，即从中得出公司将要实施的战略。

表3-4 "SWOT分析"

	积极要素	消极要素
	优势	劣势
内因	和竞争对手公司相比，公司的优势领域，也包括能给业务带来正面影响，可以促进营收增加和市场扩大的因素	和竞争对手公司相比，公司目前的短板，也包括可能给业务带来负面影响，从而导致营收减少或市场缩水的因素
	机会	威胁
外因	公司无法掌控，但对公司有利的趋势或事件，也包括未来能给公司带来正面影响（如营收增加、市场扩大等）的事件	公司无法掌控，但对公司不利的外部环境因素，包括可能给公司造成损失（如营收减少、市场缩水等）的事件

表3-5 "SWOT交叉分析"

	优势	劣势
	"优势" + "机会" = 乘胜追击	"弱项" + "机会" = 针对补强
机会	以"优势"为"武器"，充分利用当下的市场机会，积极思考可以扩大战果的策略	积极思考如何针对短板进行补强，以免错失良机
	"优势" + "威胁" = 差别战略	"劣势" + "威胁" = 止损战略
威胁	综合考虑并计算"优势"与"威胁"，思考如何扬长避短	"劣势"与"威胁"的组合会让事态恶化，应积极思考如何回避公司的劣势与外部威胁带来的不良后果

第四章

逻辑『表达』的基本技巧

组合并整理想要表达的内容

大家有没有参加过秩序混乱的会议？会议上，各种意见交杂，最终什么也决定不了……这种情况其实很常见。

A公司的电脑产品销量不佳，在销售会议上，近藤科长大发雷霆，销售人员A、B、C三人纷纷给出了自己的理由。

场景 ▶ 电脑销售不佳，几位销售负责人的解释

近藤：　"笔记本电脑明明是公司的主力产品，怎么销售额就是上不去呢！"

销售A：　"经济不景气啊。"

销售B：　"线下店面的电脑零售价格越来越低了。"

销售C：　"这3年时间，销售部员工人数从30人减少到20人。"

销售A：　"工厂产能不足，无法及时供货。"

销售B：　"竞争对手不断有新的生产线投产。"

销售C：　"国家的经济政策造成了负面影响。"

销售A：　"没有足够的人手，销售部没有新人补充进来。"

销售B：　"消费者在网上就能比价，便宜的才更好卖。"

销售C：“需要对接的小规模客户从3年前的20家增加到了现在的50家，转化率必然下降。”

销售A：“新品发售才半年，电脑硬件就又更新换代了。”

销售B：“手机也在抢占市场，笔记本电脑的市场本身已经很不景气了。”

销售C：“便宜的进口产品越来越多。”

近藤科长：“你们说的我都懂，但这全都是借口啊！一个劲儿找借口，那到底要怎么办！”

近藤科长对目前的状况束手无策，之后的讨论也不知该如何推进。重新审视销售人员给出的理由，其实有一些类似的内容可以进行归纳。

这里可以用先前的“归纳法”进行思考，也许可以从近似的信息中解读出某种趋势。

销售A：“经济不景气啊！”

销售B：“手机也在抢占市场，笔记本电脑的市场本身已经很不景气了。”

销售C：“国家的经济政策造成了负面影响。”

上述观点，我们可以概括出什么呢？经济不景气、国家经济政策的影响、业界整体环境不好等，这些都是公司自身无法控制的外部因素，所以，我们可以将之总结为"外部环境恶化"。

销售A：　"没有足够的人手，销售部没有新人补充进来。"

销售C：　"这3年时间，销售部总人数从30人减少到20人。"

销售C：　"需要对接的小规模客户从3年前的20家增加到了现在的50家，转化率必然下降。"

以上三点，我们又可以概括成什么呢？销售人员减少且没有新人入职，需要负责的小规模客户反而增加了，这三点可以总结为"销售效率恶化"。

销售B：　"线下店面的电脑零售价格越来越低了。"

销售B：　"消费者在网上就能比价，便宜的才更好卖。"

销售C：　"便宜的进口产品越来越多。"

以上三点都是关于日益激烈的价格战问题，所以可以总结为"价格战日趋激烈"。

销售A：　"新品发售才半年，电脑硬件就又更新换代了。"

销售A：　"工厂产能不足，无法及时供货。"

销售B：　"竞争对手不断有新的生产线投产。"

商品生产规模小、生产困难，且电脑更新换代速度较快——可以总结为"产品的生命周期缩短"。

销售人员各种各样的"借口"，可以总结为四个方面的原因：外部环境恶化、销售效率恶化、价格战日趋激烈、产品的生命周期缩短。那么，从这四点中又能得出什么结论呢？

如果一家公司正面临这些"劣势"与"威胁"的组合，他们就应当考虑及时止损了，例如："我们有重新考虑是否有继续开展电脑业务的必要""我们应该将电脑业务打包出售""电脑业务应该缩小规模"等。

销售人员给出的理由虽然各种各样，但将其中相似的信息进行归纳整理，再引导出观点，也能够更好地帮公司做出战略决策。

专栏

金字塔结构

所谓"金字塔结构"，就是像构筑金字塔一样，从各种各样的信息中层层推导，最终提炼出观点的思考方式。以刚才销售会议为例，可以构筑出下图中的金字塔结构。

金字塔结构的最底层是几位销售人员的意见，将他们的意见进行分组和归纳后，可以得到上层的4个结论，从这些结论中又可以提炼出位于最上层的"观点"。

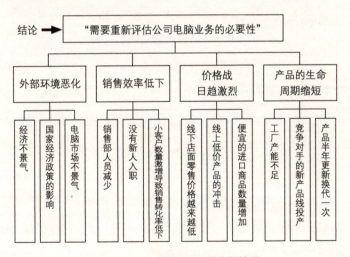

图4-1　用金字塔结构分析案例情况

"话说得通"指的到底是什么

在我还是打工一族的时候，曾经被上司说过"你的话完全说不通，再好好想想吧"。可我觉得明明自己表达得很清楚，为什么还是会被上司训斥呢？如此一来，我经常一时间不知道该从何说起了。

实际上，要想"话说得通"，可以运用我们在第二章介绍过的"三角逻辑法"。所谓"三角"，就是将"观点""论据""数据（或事实）"分别置于三角形的三个顶点，然后通过它们之间的联系来整理自己想要表达的内容。

通过"三角逻辑法"，将"观点""论据""数据"之间相互关联，就是我们所说的"话说得通"，而将三角逻辑进一步扩大，就变成了金字塔结构，换言之，金字塔结构也可以用来确认"话是否说得通"（见图4-2）。

我们还以A公司电脑业务部门的销售会议为例。近藤科长对"笔记本电脑明明是主力产品，销售额却一直上不去"这件事大发雷霆，销售们则七嘴八舌地各自陈述理由。大家将这些理由集中进行整理后得出了"外部环境恶化""销售效率低下""价格

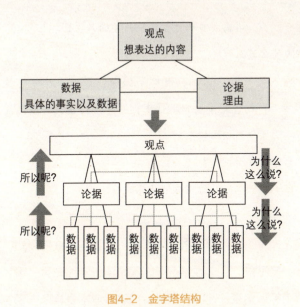

图4-2 金字塔结构

战日趋激烈""产品的生命周期缩短"四个"论据"。

将销售们陈述的理由进行归类,并提出"所以呢"的疑问,便能得出上述的四点"论据"。

而再针对这四点"论据"继续追问"所以呢",就会得出"需要重新评估公司电脑业务的必要性"的观点。

不断追问"所以呢",并思考能就此得出什么结论,最后引出观点的过程,就是构筑逻辑的过程。不过,得出结论并不是思考的终点,自下而上得出的观点是否合乎逻辑还需要进行确认,这时可以使用自上而下地验证"为什么这么说"。

观点："公司需要重新评估电脑业务的必要性。"

"为什么这么说？"

论据：之所以这么说，有四个理由。第一，外部环境不断恶化；第二，销售效率也日渐低下；第三，价格战日趋激烈；第四，产品的生命周期缩短。

"为什么这么说？"

数据（或事实）：接下来做具体说明。

首先，关于第一个理由"外部环境恶化"，众所周知，这几年经济一直不景气，这种情况下，国家实行紧缩政策。而且，由于新型手机近年来开始抢占市场，电脑行业本身也陷入了萎靡，所以，可以说外部环境正在不断恶化。

其次，在"销售效率低下"方面，过去的三年间，销售部人数从30人减少到20人，且没有新人加入。而在此基础上，需要对接的小客户的数量却从三年前的20家增加到现在的50家，所以销售转化率下滑。

再次，关于第三点"价格战日趋激烈"，最近，线下店面的电脑零售价格不断下降，这都是线上渠道带来的冲击所致，在质量相同的情况下，消费者可以通过网络比价，低价的产品显然更受欢迎。而且，来自国外的、便宜的进口货也在市场中不断涌现，市场上的价格竞争已愈演愈烈。

最后，说到"产品的生命周期缩短"，目前我们公司产品的生产非常困难，产品的库存往往不足。同时，其他竞争对手却在不断开发新的产品并新建产品线。另外，每当我们好不容易保住了卖场的一席之地时，却往往很快就有更新换代的新产品，我们公司产品的生命周期也越来越短。

回到"观点"

综上，大家正是根据"外部环境恶化""销售效率低下""价格战日趋激烈""产品的生命周期缩短"四个"论据"，继而提出了"公司需要重新评估电脑业务的必要性"的主张。

但反过来看，如果从金字塔顶点的观点开始，不断追问"为什么这么说"后，梳理出论据，继而整理出相关的现象、事实和数据说明，这样自上而下的逻辑，是不是也很通畅呢？

所以，自下而上地利用"所以呢"构筑逻辑，再自上而下地利用"为什么能这么说"验证逻辑，便能够确认逻辑推论是否正确，即"话是否说得通"了。

自上而下的思考流程，也可以活用在演示稿的制作中。在做演讲展示时，首先要明确自己的主张，为了让听众接受自己的主张，还要进行论据的说明。而要支撑论据的非主观性，就需要展示基于客观事实的数据等。

演讲展示中针对观点给出不止一个论据会更有说服力，上述案例中的论据有四个，一般需要至少三个论据。

"自下而上"与"自上而下"

　　从基底到顶端构筑金字塔的方法即为"自下而上"，这一过程中可以通过不断追问"所以呢"得出高一层的结论。这种方法的关键是要将相似的内容进行整理、归纳。如果在数据或事实混杂、情况不明确的情况下拼凑出结论，一定会被人指出结论中的矛盾之处。

　　从金字塔顶端到基底梳理金字塔结构的方法即为"自上而下"，这一过程中需要不断追问"为什么能这么说"。梳理过程的关键是要确保逻辑推导的合理严谨，如果感到有地方说不通了，就需要确认论据以及推导出论据的数据（或事实）是否正确。

除了纵向逻辑，还需要横向思维

在金字塔结构中，"自下而上"和"自上而下"的逻辑都是十分重要的，这两种关系都属于纵向关系。

不过，除了纵向关系，我们还需要梳理横向关系。在构筑金字塔式的逻辑结构时，应该尽可能地使横向关系符合"MECE"原则。

这里，我先以前几节中A公司的电脑业务案例为例进行说明。

针对"需要重新评估公司电脑业务的必要性"的观点，大家总结为以下四点原因，分别是"外部环境恶化""销售效率低下""价格战日趋激烈"和"产品的生命周期缩短"。那么，这些论据是否符合"MECE"原则中"不重不漏"的要求呢？让我们来看看（见图4-3）。

首先，我们先从外部环境和内部环境两个方面来看，"外部环境恶化"很明显属于前者，另外三点论据皆属于后者。内部环境又分为"人、物、钱"三要素，"销售效率低下"跟"人"相关，"价格战日趋激烈"与"钱"相关，"产品的生命周期缩短"则与"物"相关，这三点分别围绕"人、物、钱"展开了论据说明。

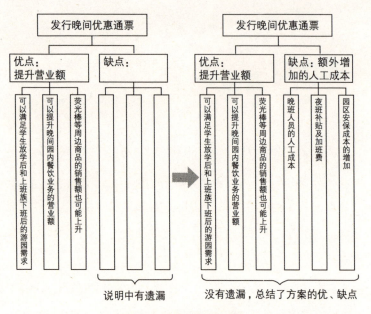

图4-3　两种观点陈述对比

　　我们再来看其他案例，如之前提到的我在日本环球影城工作时和上司的对话（见第三章第一节），大家可以翻阅参照。

　　用金字塔结构进行整理后，我们可以发现左侧的论据只阐述了优点，而遗漏了缺点。对上司来说，只知道项目优点并不足以进行决策。右侧的论据中则包含了缺点，这样上司便可以权衡这一活动企划的利弊，也更方便他们做出决定。

　　我们再来看之前的电脑业务案例（见下页图4-4）。在这个案例中，除了外部环境和内部环境（人、物、钱），我们还可以利用"3C"法则来进行整理。

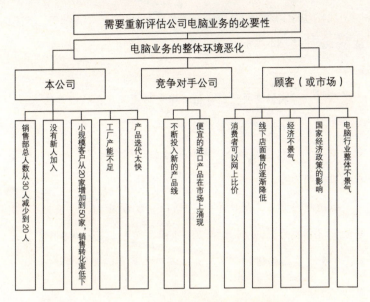

图4-4 从"3C"角度出发的金字塔结构

整理后，我们会发现，对手公司的信息相对较少，所以，销售人员需要更多收集竞争对手的相关信息。

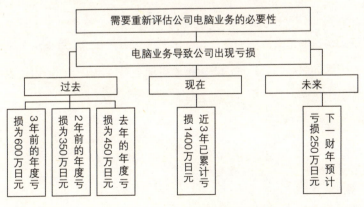

图4-5 以"时间"为横轴的金字塔结构

我们也可以使用以"过去、现在、未来"为横轴的"框架法"（见上页图4-5）。

观点："我们需要重新评估公司电脑业务存在的必要性。"

论据："电脑业务已经拖累了公司经营，过去3年间，电脑业务一直是亏损状态，如今，累积的亏损已越来越多，恐怕到明年也很难得到改善。"

数据："具体来说就是，3年前的年度亏损为600万日元，2年前的年度亏损为350万日元，而去年的年度亏损为450万日元，近3年的累计亏损已达1400万日元，而下一财年的预计亏损为250万日元。"

观点："因此，我们需要重新评估公司电脑业务存在的必要性。"

利用时间型"框架法"中的"过去、现在、未来"来进行论证，也是非常有说服力的。在金字塔结构中，利用"框架法"来整理横向联系，会让你的逻辑推论更加全面，也能让你的讲述更加简明易懂。

能令你 "表意准确" 的商务写作技巧

大家写的汇报书或者报告，有没有被上司说过晦涩难懂？和在学校里写读后感或者作文不同，商务文书不仅需要有逻辑性，而且要简洁易懂。那么，我们应该如何撰写商务文书呢？

本章我们将学习如何用金字塔结构把我们要表达的内容整理、组合并进行说明。实际上，只要利用好了金字塔结构，你就能写出 "表意准确" 的商务文书。

近藤科长将就会议上关于电脑业务的讨论结果——需要重新评估公司电脑业务的必要性一事，给策划部的山田部长撰写提案文书。

关于重新评估公司电脑业务必要性的说明

关于重新评估公司电脑业务的必要性一事，现提案如下。望策划部基于销售部的讨论结果，开展全公司范围的讨论。

目前，销售部的电脑销售业务持续萎靡，销售部经讨论后认为，当下需要重新评估公司电脑业务的必要性。理由有以下4点：

1.公司电脑业务的外部环境恶化

具体表现为以下3点：

（1）国内经济形势不景气。

（2）国内经济政策不利于电脑业务发展。

（3）手机抢占市场份额，国内电脑行业逐渐萎靡。

2.销售效率低下

销售效率低下的问题，则主要是由于以下3点：

（1）过去3年间，销售部人员由30人减少到20人。

（2）销售部缺乏"新鲜血液"。

（3）需要对接的小规模客户，由3年前的20家增加至如今的50家，销售转化率低下。

3.价格战日趋激烈

电脑的价格战愈演愈烈，尤其表现在以下几个方面：

（1）线下店面零售价格不断压低。

（2）网络比价十分便捷，消费者倾向购买价格更低廉的线上渠道的产品。

（3）低价的进口产品挤占了一部分市场。

4.产品的生命周期缩短

关于电脑的生命周期不断缩短的问题，销售部的相关反馈如下：

（1）由于工厂产能不足，无法及时供货。

（2）竞争对手不断投入新的产品线。

（3）我公司的新品刚刚发售半年，市场上即有新型产品出现。

根据以上4点理由，销售部讨论后认为，公司有重新评估电脑业务是否继续开展的必要。望策划部了解，并发起全公司范围的讨论。

首先，商务文书的标题要一目了然。这和报纸的标题类似，读者通过阅读报纸上的标题，就能大致想象出其中的内容，从而决定是否继续阅读下去。近藤科长的标题为"关于重新评估公司电脑业务必要性的说明"，非常符合文书的主旨。

其次，要阐明撰写文书的理由，即向"读者"传达目的时要明确：该文书的收件人为公司策划部部长，近藤科长希望他读完以后，能够了解重新评估公司电脑业务是否继续开展的必要性。

同时，在文书中要阐述观点，即公司需要重新评估电脑业务存在的必要性。阐述观点后，就要给出论据。这封文书中具体罗列了4个论据，各个论据都分开标记，简明易懂。在提出论据的同时，近藤科长也给出了具体事实或事例，让他的观点更加客观、可信。

请注意文书中4个论据的排列顺序：近藤科长首先从外部环境的相关内容开始陈述，从外部环境到内部环境，从宏观到微观，以这样的顺序展开论据，文书的逻辑更加清晰。

关于内部环境的3个论据是遵循"人、物、钱"的"框架法"结构，近藤科长先阐述了人员不足导致的销售转化率下滑，而后讨论了价格战以及产品的生命周期对产品销售的影响。当然，我们并非一定要按照"人、物、钱"的顺序展开说明，只需要按重要性将论据排序即可。

文书的最后，近藤科长再次阐述了观点。实际上，上述流程与演示商务文稿时的"PREP法"几乎完全一致。

以上就是以金字塔结构为基础写作的文书案例，学会活用金字塔结构，既可以帮助你梳理演示商务文稿的逻辑，也可以帮助你更好地撰写商务文书。

"不伤害对方感情"的表达方式

在工作中首先表达自己的观点，并不适用于所有场合。有时候，太过直接的表达容易伤害对方的感情。这种情况下可以采用"先罗列事实，再表达观点"的方式。

这里我们以第二章第二节田中与佐藤的对话为例（见图4-6）。

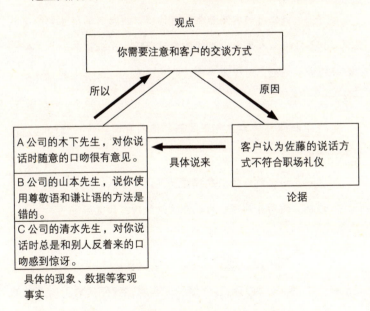

图4-6 如何使用"三角逻辑法"表达观点

在这个场景中，如果田中贸然地向佐藤说："请在跟客户商谈时注意你的说话方式。"便极有可能伤害佐藤的感情。工作中，虽然一般都需要首先表达观点，但有时为了不伤害对方的感情，可以先从具体的事实开始陈述，然后再表达自己的观点，这样对方会更容易接受。你可以尝试将表述方式做些改变。

场景 ▶ 在不伤害对方的情况下提示对方的不足之处

田中："佐藤，你过来一下。"

佐藤："怎么了？"

田中："A公司的木下先生，对你偶尔说话时的随意口吻有些意见。B公司的山本先生，说你使用尊敬语和谦让语的方法不对。C公司的清水先生，对你商务会谈时总是和别人反着来的口吻感到惊讶。"

"我很担心你从客户那里收到的这些负面评价对你的工作产生不利的影响。"

"和客户商谈时，还是要注意一下说话方式。"

"这样你的商务沟通能力也会越来越强，你觉得呢？"

比起"开门见山"地表述观点，像这样以事实和感受为基础提出自己的观点，对方更容易接受。这里，我们再套用一下之前的"三角逻辑法"（见图4-7）。

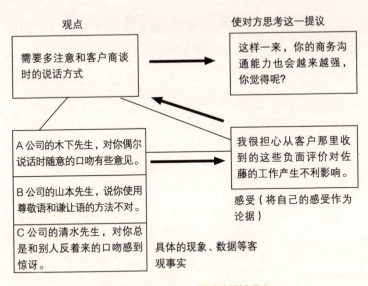

图4-7 使用DESC描述法阐述观点

田中先让佐藤意识到，客户的反馈是客观事实。这里比较重要的是，田中所说的并不是上司的想象，而是来自客户的"真实"反馈。

接着，田中表达了他的感受，并站在对方立场上考虑，显示出了他的诚意。最后，田中才阐述了自己的观点，当然，这时依然要万分留意他的表达方式。

尽管田中提出了观点，但在运用"三角逻辑法"时，"提出观点"还不是最后一步，我们要将"问题"还给对方。案例中，田中说道："这样你的商务沟通能力也会越来越强，你觉得呢？"这种既提出观点，又促进对方思考的表达方式，是否更容易被佐藤接受呢？想必佐藤会认真考虑田中恳切的建议。

以"观点"为起点展开表述是逻辑思维的基本方法，但有时过于单刀直入会伤害对方的感情。人终归是感情动物，根据时间和场合来考虑如何表达，也是你实践逻辑思维时需要注意的。

"DESC描述法"

上面提到的这种考虑对方感情的表达方式也称为"DESC描述法",由"描述"（Describe）、"表达与解释"（Express/Explain）、"明确"（Specify），以及"总结与选择"（Conclude/Choose）的英文首字母组成。"描述"即描述客观事实；"表达与解释"则是以个人感受为主进行解释说明；"明确"即明示观点，并提出具体的建议；在"总结与选择"这一步则需要向对方抛出问题，由对方决定如何应对。"DESC描述法"是一种既可以表达个人观点，又不易伤害对方感情的表达方法，可以说它是一种近乎"两全其美"的表达方法。

LOGICAL
THINKING

第五章

用逻辑思维『解决问题』

什么是"深入思考"

之前讲过,在面对问题时使用"框架法"进行整理,便可以做到"不重不漏"。在第三章第七节中,我还介绍了用于梳理工厂问题的"4M"框架法,即从"人""机器""原材料""方法"四个方面分析问题的逻辑整理方法(见下页图5-1)。

实际上,在制造业的流程分析中,如果算上原材料入库、产品加工、产品打包、出库等步骤,我们还可以进行更加具体的分类。

通过使用本书第三章第八节中讲过的矩阵框架法,以"4M"为纵轴,"流程"为横轴,可以对问题进行更细致的分析(见下页图5-2)。

不过,这种分类法是否已经达到了极致呢?我们还可以对问题进一步细分吗?矩阵框架法的局限性在于,它只能有两个轴(即"切口"),如果引入第三个"切口"并将其作为轴,就会变成图5-3所示的那样,而4个轴或以上的"框架法"结构更是难以在纸面上呈现。

这种情况下,我们可以用"树状框架法"进行梳理(见

图5-4）。

人	知识、技能、经验、体力、协调能力、工作效率、组织能力、人际关系、干劲等
机器	性能、速度、处理能力、设备状况、使用年限、故障率、维修史等
原材料	货源、品质、数量、使用方法、保质期、保存方法等
方法	操作、加工、搬运、作业顺序、作业时长、标准化、规章制度等

1轴

图5-1 "4M"框架法（单轴框架法）

	流程上游	流程中游	流程下游
人	负责入库、检查、搬运和保管配料的员工	负责洗菜、切菜、加工菜品的员工	负责装箱、冷藏，以及产品检验、保管和搬运的员工
机器	叉车、冰箱、仓库	与洗菜、切菜、加热、加工相关的机器	冰箱、叉车、运输车辆
原材料	进货量、进货方法、区域分类、保存时间	使用量、使用方法	未使用部分的整理、废弃、保管
方法	操作顺序、作业时间、规章制度	操作顺序、作业时间、规章制度	操作顺序、作业时间、规章制度

2轴

图5-2 双轴框架法（矩阵框架法）

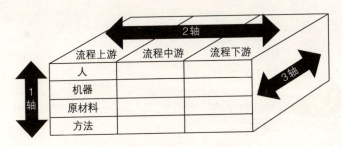

图5-3 立体框架法（三轴框架法）

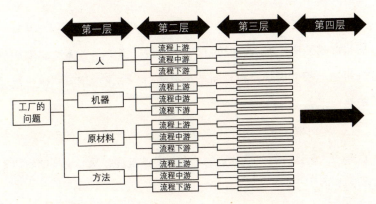

图5-4 树状框架法（穷尽式框架法）

可以看到，在树状图中，第一层对应了"4M"，第二层对应了流程，第三层则对应了第三个"切口"……若我们在此基础上追加第四层，就可以进行更详细、精准的分类。像这样的思考方式也叫作"穷尽式思考"。至于在具体情况下需要穷尽到什么程度，则需要根据具体问题做具体分析。

树状框架法

　　"树状框架法"指的是在讨论、分析事物时，将逻辑思维以树状形式展开并加以梳理的方法。当我们需要从整体到局部地分析或追根溯源地反复推断某个事物时，常常会用到"树状框架法"。

　　"矩阵框架法"最多只能分析事物的两个维度。使用"树状框架法"的话，就可以将事物分为更多的维度，从而进行更加细致的分析。

　　在使用"树状框架法"时，我们一般不将分析的维度称为"轴"，而是用"层"来表示，各层之间要符合"MECE"原则，即做到"不重不漏"。

　　在图5-4中，出现第一层左侧的内容是需要探讨的课题。课题的设定尤为重要，"树状框架法"中的逻辑树将根据这一课题逐步展开。

　　有时候，人们容易将"树状框架法"和"金字塔结构"相混淆。如果我们将逻辑树横置，便会发现它与"金字塔结构"非常接近，但实际上，"树状框架法"和"金字塔结构"有着本质上的不同。

"树状框架法"的逻辑是单向的。具体来说，它只是"自上而下"地梳理和展开，随着展开的层数越来越多，我们需要思考的内容范围也越来越大。在实际应用中，人们常常针对某一特定选项进行展开或更细致的分类，因此，逻辑树出现"歪斜"的情况很常见——也正因为这一点，"树状框架法"是无法逆向推导的。

但作为构建逻辑思维的工具，"树状框架法"的逻辑是"双向"的——它既可以"自下而上"地构筑起逻辑框架，也可以"自上而下"地检验其逻辑框架中是否存在矛盾。

找出真正的"罪魁祸首"

在日本，喜欢发邮件沟通工作的人越来越多了，明明两个人坐在相邻的工位上，却还要用邮件沟通。如此一来，就算一天收到上百封邮件也不稀奇。

倘若对这种情况置之不理，势必严重影响工作效率，关于这类问题我们应该如何处理呢？

场景 ▶ 向同事小野吐槽邮件数量太多的田中

田中："我们公司真的是……做什么都发邮件，邮件太多的话，我根本没法正常工作啊。"

小野："确实是，现在大家都在呼吁改革工作方式，我们公司也该改改了。"

田中："一天将近200封邮件啊！刚打开电脑，我就觉得累了。"

小野："200封啊……那是有点过分了，可为什么会有这么多邮件呢？"

田中："……都怪新入职的佐藤，他发邮件就像发LINE[①]一样，什么都问，实在是很烦。"

小野："那这些邮件里，又有多少封是发自佐藤的呢？"

田中："这我倒没数过，但真的很多。"

小野："如果不知道具体数量的话，很难认定就是佐藤一人的错吧。会不会是佐藤发的邮件不太礼貌，让你印象比较深刻呢？"

田中："不，绝对是因为佐藤，但凡他少发一些邮件，我的工作效率就能提高。"

田中说自己每天要收到大概200封邮件，如果他认定佐藤是"罪魁祸首"，就要说明这些邮件中有多少是来自佐藤的。这种情况下，"树状框架法"就派上用场了，让我们来看看它是如何应用在刚才的对话中的。

场景 ▶ 分类整理大量的邮件

小野："佐藤到底发了多少邮件呢？我们来数一下吧。"

田中："那就看看这周一的情况吧，这天我刚好收到了200封邮件。"

小野："其中有多少封来自佐藤呢？"

---

① 由Z控股公司旗下LINE株式会社开发的即时通信平台，功能与微信相似。

田中：“等下，1、2、3……有10封。”

小野：“200封里只有10封吗？那可不能说佐藤是邮件太多的罪魁祸首吧？”

田中：“我以为他发的邮件最多呢……”

小野：“好啦，我们用培训时候学到的‘树状框架法’来思考一下吧。首先，如果我们将200封邮件进行大致的分类，应该怎么做呢？”

田中：“内部邮件和外部邮件？”

小野：“嗯，要遵循‘MECE’原则。那我们来看一下。”

田中：“内部邮件有160封，外部邮件有40封。”

小野：“看起来‘真凶’是在内部呀。那么接下来应该怎么分类呢？作为‘树状框架法’的练习，请田中顺便也想想外部邮件的分类吧。”

田中：“嗯，内部邮件可以分为来自自己部门的140封，以及来自其他部门的20封，外部邮件则是来自客户的30封和来自普通消费者的10封。”

小野：“不错，听起来也符合‘MECE’原则，那接下来该怎么办呢？”

田中：“本部门邮件的话，可以将发件人分为上司和下属两类，其他部门则可以分为领导和非领导两类。外部邮件的话，客户方面可以分为经销商和供货商，普通消费者则可以分为售前消费者和售后消费者。”

小野："等等，自己部门只分为上司和下属的话，那我呢？"

田中："哦，抱歉，我忘了！还要把同事算上，这样才符合'MECE'原则。这样算起来，来自上司的邮件有110封，来自同事的有10封，来自下属的有20封，来自其他部门领导的有10封，来自其他部门非领导的也是10封。经销商邮件18封，供货商12封。消费者方面，售前邮件8封，售后2封。"

小野："嗯，越来越具体了。接下来，不妨看一看你自己部门的邮件数量吧，来自下属的20封邮件里，佐藤占了10封。你的其他下属也只有中山一个人了，恐怕他发来的邮件也是10封吧？"

田中："确实，佐藤和中山的邮件数量一样呢。"

小野："上司那边的情况呢？"

田中："小山部长5封，近藤科长……105封。"

小野："近藤科长居然发了105封！虽然我们属于同一部门，但我每天收到近藤科长的邮件只有10封左右。刚才你责怪佐藤，看来'罪魁祸首'是近藤科长才对吧？"

田中："确实……"

以"MECE"原则为基础，在梳理了200封邮件的源头后，田中发现原来"罪魁祸首"是近藤科长。像这样使用"树状框架法"，你就能对问题进行"不重不漏"地分类和整理。

"Where树"

适用于"树状框架法"的情况一般有三种，其中一种是当需要找出"问题到底出在哪里"的时候。我们采用的逻辑树被称为"Where（哪里）树"（如图5-5）。不过，用"Where树"来寻找问题时，有三点需要注意：

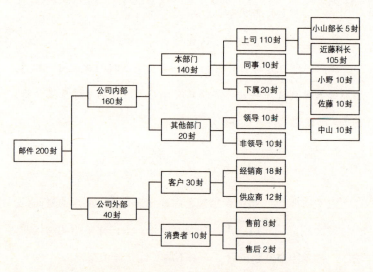

图5-5　适用于"问题到底出在哪里"的"树状框架法"（又称"Where树"）

首先，各层逻辑都要符合"MECE"原则。例如，在刚才关于邮件的案例中，如果因为无法对全部邮件进行溯源而出现遗漏，就不能算是符合"MECE"原则。同样，如果存在放在任何分类中均适用的邮件，从而导致分类出现重复，也是不符合"MECE"原则的。

其次，作为整个逻辑树的"切口"，在进行第一层逻辑的分类时应当谨慎，需要我们挑选出最合理的分类。随着逻辑层级的深入，如果逻辑不能顺利递推，就不得不返回到第一层，如此一来，时间便浪费掉了。

最后，作为"切口"的第一层逻辑分类要尽可能抽象，到逻辑的第二层、第三层时再对逻辑进行更为具体的类别划分。如果最初的"切口"过于具体，就不利于纵观全局，所以在逻辑分类之初要做到尽可能地宽泛与抽象。

探明原因

第五章第二节中，我们用"树状框架法"找出了发送大量邮件的"罪魁祸首"——近藤科长。那么，近藤科长为什么要给下属发这么多邮件呢？我们同样可以使用"树状框架法"来分析原因。这里，我们再次请田中登场，和同事小野一起思考原因。

场景 ▶ 分析近藤科长发送大量邮件的原因

田中："我原以为，这些邮件大多是佐藤发的，没想到竟然是近藤科长发的邮件最多。可是他为什么要给我发这么多邮件呢？"

小野："田中对此没有头绪吗？我觉得，应该探明原因才行。培训时候学的'树状框架法'应该可以用来帮助我们分析吧？"

田中："确实。我觉得近藤科长之所以发了这么多邮件，应该主要是为了传达指示。"

小野："还有其他可能吗？"

田中："也会转发一些公司内部的联络邮件吧。"

小野："为什么要用邮件来传达指示呢？"

田中："因为邮件会留下记录啊。"

小野："原来如此，那为什么又要为了留下记录而发邮件呢？"

田中："可能……近藤科长怕自己忘了已经传达过指示？"

小野："还有别的可能吗？"

田中："也有可能是不太信任我……所以，他才会用发邮件的方式留下自己传达过指示的邮件记录。"

小野："嗯……你不用着急给出回答，我们再想一想近藤科长通过邮件下达指示还有没有其他的原因呢？"

田中："也许是为了节省时间？"

小野："何出此言？"

田中："近藤科长经常不在公司，所以很少有跟下属碰面的机会。通过发邮件的方式，他可以一次性给他的所有下属下达指示。"

小野："确实。不过近藤科长为什么还要转发公司内部的联络邮件呢？"

田中："应该是太忙了，没时间看邮件的缘故吧？"

小野："他为什么会没有看邮件的时间呢？"

田中："他经常开会，而且出差的频率也越来越高。"

小野："还有其他可能的原因吗？"

田中："或许是希望谁看到这些转发的邮件，能代替他来处理一下？"

小野："原来如此，近藤科长为什么会希望别人来替他处理这些转发邮件呢？"

田中："应该是希望自己的下属能够积极主动一些？也可能

是通过让下属代理科长工作的方式，来达到锻炼他们的目的。"

　　小野："我们分析了这么多原因，你觉得最可能是哪一个呢？"

　　田中："我觉得最有可能的是近藤科长不太信任我……因为之前我忘记过好几次他的指示，在那之后邮件就多起来了。"

　　小野："确实，按照逻辑树分析，可能就是这个原因。只要知道了原因，接下来你尽快改正就是了！"

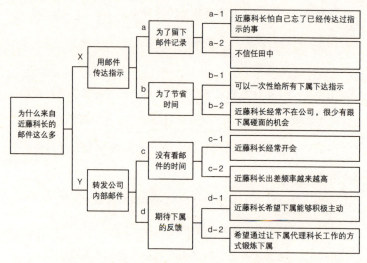

图5-6　适用于"为什么会这样"的"树状框架法"

　　刚才的对话中，田中和小野利用"树状框架法"分析近藤科长最近经常给田中发大量邮件的原因（如图5-6）。随着逻辑层层递进，答案也逐渐明朗。将逻辑进行树状的可视化后，便可以分析出真正的原因。

专栏

"Why树"

适用于"树状框架法"的第二种情况就是当我们需要找出"到底为什么会这样"的时候，这时采用的逻辑树也被称为"Why（为什么）树"——我们需要用这种方法追根溯源，其中以"五问法"最为常用。

"五问法"是指遇到问题"连续递进式追问五次为什么"的思考方法。通过连续的自问自答，便可以分析出事物的因果关系并探明事件背后的真正原因。不过，在使用"Why树"时，有四点需要注意。

首先，在问"为什么"时，要使问题能够用"之所以……是因为"的句式来回答。例如上面的案例，每一层逻辑都可以使用这种句式来回答上一层的问题。

其次，针对每一层的问题，都要给出两个以上的原因。如果只给出一个原因，则忽略了其他因素，很有可能因此错过问题关键，所以我们至少要列出两个以上的原因。

再次，实际上，"Why树"的各层较难符合"MECE"原则，在刚才的案例中，我们可以看到，各层的逻辑关系并不能严格做到不重不漏。

最后，注意不要陷入"死循环"的陷阱。例如，在运用"Why树"探究原因时，如果总是纠结于相似的细节，而忘记了原本要探究的问题是什么，就无法得出正确的答案。这种时候不要过于深究细节，而要及时回到问题的大方向上。

考虑对策

在第五章第三节中，我们使用"树状框架法"分析了近藤科长给田中发大量邮件的原因。接下来，田中需要思考如何才能重新获得近藤科长的信任。这里，我们也可以利用"树状框架法"。让我们分析一下田中和小野接下来的对话内容。

场景 ▶ 田中与小野商量如何重新获得近藤科长的信任

田中： "喂，小野，你说我怎么才能重新获得近藤科长的信任呢？"

小野： "田中，思考对策的时候可不能想一出是一出，让我们继续通过'树状框架法'分析吧。我们先从第一层开始考虑，从宏观的角度来看，想要得到近藤科长的信任，你应该要从何处着手呢？"

田中： "嗯，失去科长的信任是因为没有完成好近藤科长下达的任务，所以我首先要注意及时接收并领会科长的指令。"

田中： "确实，处理好上司的指令是很重要的，但是只有这一点并不符合'MECE'原则啊，会不会遗漏了其他的重要因素呢？"

田中："恐怕还需要做好向上司的汇报。一般来说，工作都是从接受上司布置的任务开始，到向上司报告任务执行情况结束。"

小野："那么第一层就是接收指令和汇报工作，从'MECE'原则的角度分析，这里对应的是信息的输入和输出。"

上述对话引导出了"接收指令"和"汇报工作"这两个基本的"切口"，接下来，我们要将其细化。

小野："那么，田中要如何先做好接收指令这一点呢？"

田中："首先，对任务有不明白的地方要当场确认。"

小野："对！不懂的地方确实应该当场确认。还有其他需要注意的吗？"

田中："为了不忘记指示，我还应该写好笔记。"

小野："完全正确！当场确认算是'口头'性质的沟通，记笔记则是用'笔头'提醒自己。这两点看来也符合"MECE"原则。那么具体应该如何提问呢？"

田中："在培训时，我学习过'5W3H'提问法，这样便可以防止出现遗漏，而且如果有不明确的地方，还可以迅速与上司核实。"

小野："好，那"笔头"方面又应该从何处着手改善呢？"

田中："首先要随身携带笔记本和笔，笔的话使用三色圆珠笔比较好，笔记本可以用便签式的，在工作中可以将便签贴在视线可见的地方。"

小野："不错，写作需要的纸和笔的组合也符合'MECE'原则。总体看来，田中的对策很不错。"

上述对话中，关于如何接收指令，田中提出了具体的对策。接下来则是关于如何做好汇报的具体分析。

小野："关于如何向上司汇报，我们也来想想吧？"

田中："之前，我经常推迟向上司汇报的时间，接下来，我应该做到及时汇报。"

小野："确实，及时汇报很重要。那么具体应该怎么做呢？"

田中："我觉得自己应该养成任务结束就立刻向上司进行口头汇报的习惯。"

小野："要是近藤科长不在的话，又该怎么办呢？"

田中："那我就用邮件进行简单的汇报吧。"

小野："这样一来，不论上司在或不在，田中都有向上司汇报的办法，也符合'MECE'原则。不过，汇报工作只做到及时恐怕还不够吧？"

田中："恐怕是的，重要的汇报内容还应当总结成报告书交给科长。"

小野："该怎么做呢？"

田中："要在考虑'5W3H'的基础上，不漏掉任何要点，撰写工作报告。"

小野："写好的报告书你打算怎么交给近藤科长呢？"

田中："我可以将报告书通过邮件发送，但是近藤科长可能因为过于忙碌来不及看，所以打印出来交给他，应当是更为稳妥的。"

小野："的确，近藤科长平时也都是将邮件附件打印出来阅读的，所以这的确是个好主意。"

随着关于如何更有效地向上司汇报的分析逐渐细化，我们还需要判断以上所有的对策，有哪些是可以执行的。

小野："我们已经整理了具体的对策，接下来就是决定实际要执行哪些了。"

田中："好不容易想出了这些对策，我觉得可以全部执行！"

小野："全部执行也可以，但是如果有困难，就要选择先执行见效快、可以明显缓解之前的工作局面的内容。"

田中："也是。不过我想让近藤科长知道，我有重新获得他信任的决心，所以，我依然打算全部执行。"

小野："好吧！相信你一定可以！"

如图5-7所示，为了重新获得近藤科长的信任，田中和小野利用"树状框架法"考虑了对策。

通过"树状框架法"的梳理，关于田中应当如何应对目前的状况已经有了答案。在拓展逻辑树时，如果我们不在过程中时刻调整并纠正错误，就极容易理不清思绪。这时，如果把内容整理到便签上，将逻辑树可视化，就能及时确认我们的分析是否有遗漏或重复。

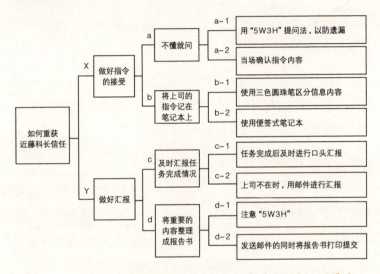

图5-7 适用于"应该怎么办"的"树状框架法"（又称"How树"）

"How树"

"树状框架法"的第三个应用场景，就是探讨对策的时候。这时，我们可以用到逻辑树中的"How树"。将"How树"展开时，有三点需要我们注意。

首先，在逻辑树的第一层要选择尽可能抽象的"切口"，而在之后的逻辑层级中，要进行相对具体的分类。在刚才的案例中，如果田中在逻辑树的第一层选择"使用三色圆珠笔"这个对策，就会因为过于具体而使逻辑丧失整体性。

其次，在逻辑树的各层中，你要尽可能给出2个以上的对策，如果只提出1个，便有可能出现遗漏。

最后，在得出对策之后，你就要考虑如何执行，这时应注意以下几点：

①确定性：这些对策能否奏效？

②时效性：这些对策是否可以起到立竿见影的效果？

③可行性：这些对策是否能够落地？

④效率性：如果执行这些对策，我的工作效率会发生怎样的

改变?

⑤经济性：这些对策是否会产生实际的经济收益?

⑥客观性：在别人看来，这些对策是否合情合理、易于接受?

检查过以上几点之后，如果没有问题，你就可以执行这些对策。

如何处理"意见不合"的情况

相信大家都遇到过这种情况：开工作会时，各方"意见不合"，导致会议和讨论无法推进。这种情况的发生一般有以下两个原因。

第一个原因是各方的意见都不够全面，即没有遵循"MECE"原则来看待问题。如果参与者都只考虑自己的立场，而不站在对方立场上考虑，就非常容易产生意见分歧。

第二个原因是人们"不在一个频道上"。如果大家讨论的问题层面不同，有人从整体出发，有人着重于细节，那他们自然也就聊不到一起了。

我们来看一个典型案例，并好好思考一下应该如何处理这种情况——某次会议上，销售部的近藤科长和产品部的高桥科长正在争论……

场景 ▶ **销售部的近藤科长和产品部的高桥科长正在争论**

近藤："我们公司的新品研发已经停滞了，应该尽快开发新产品。"

高桥："近藤，你在说什么呢？如今市场行情已经江河日下，无论如何也应该在现有产品上发力，而将新品研发工作推迟。"

近藤："那总该增加现有产品的库存吧？总不能等接到订单后，再跟客户说产品库存不足。"

高桥："这是什么歪理邪说？难道你不懂库存积压的风险吗？我觉得现在应该尽可能地消化掉库存。"

　　显然，上述对话中，双方都只站在自己立场上发言，讨论根本无法推进，问题也就无从解决。这种情况就是与"MECE"原则相悖的对立状态。如图5-8所示，销售部近藤科长的立场是"扩大销售"，而产品部高桥科长的立场是"削减成本"。可以看出，在对话中表达自己的立场固然重要，但理解对方的立场也很重要。销售部和产品部各抒己见，导致讨论双方完全是处于"平行"的状态，因此总务部的细川科长也加入其中，试图推进会议。

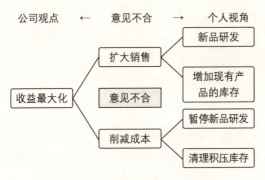

图5-8 寻找"意见不合"的原因

场景 ▶ 细川科长以中立立场加入讨论

细川： "销售部和产品部好像讨论不出结果啊，就由我来主持会议吧。"

近藤： "细川科长，产品部一直在否定销售部，说新产品研发行不通，增加产品库存也行不通，这完全就是在阻挠我们销售部的工作啊。"

高桥： "你这说的是什么话？如果研发新品、库存增加，导致库存积压，是不是你到时候又会说这是我们产品部的责任了？"

细川： "你们两个说的我都懂，但是我们公司今年的方针就是追求收益最大化，一切得以这个为前提。"

近藤： "所以我才说要开发新品啊，如果不行的话，就增加现有产品的库存。"

高桥： "我说过了，现在的市场行情，我们部门不可能承担这个风险，现在的情况不仅不需要开发新品，还应该尽量消化掉现有产品的库存。"

细川： "你们两个听我说，重点是要考虑如何达成公司收益的最大化！"

总务部的细川科长提出，销售部和产品部的讨论应该从公司战略的角度出发，即如何实现公司收益的最大化，他的角度是基于公司立场的。但是，销售部的近藤科长和产品部的高桥科长的争论,却是基于个人或部门立场的。如果这两个科长不从公司角度出发讨论如何让公司实现收益最大化,那么二人的争论恐怕也会无休止地反复下去。

问题到底是什么

我们已经学习了很多关于逻辑思维的基本内容，接下来你就可以将它们运用到职场中解决问题了。不过，还有几个问题需要注意。

首先，你需要做到明确地说明问题。在进行说明时，如果对方没有感受到解决问题的必要性，那么你的观点就很难被对方接受。这里，我以田中和近藤科长的对话为例，请你想一想，田中在提出问题时有哪些表述需要改进。

场景 ▶ 田中的观点缺乏数据支撑

田中： "近藤科长，您现在有时间吗？我一直在想，我们公司加班时间太长，这是有问题的呀。"

近藤： "你为什么这么想呢？"

田中： "您也知道，现在整个社会都在提倡工作方式改革，呼吁大家减少加班时间，但我们公司完全背道而驰。这么说您可能会生气，但我真的觉得我们公司算得上是黑心企业了。"

听完田中的观点，近藤科长会怎么想呢？由于田中的观点完全没有客观数据支撑，所以近藤科长提出了不同意见。

场景 ▶ 近藤科长希望田中进一步说明

近藤： "田中啊，你不是参加了逻辑思维研修班吗，请你活用学到的知识，来重新说明一下吧。"

田中： "啊，确实是。在研修班，我学习了'三角逻辑法'，请让我用这种逻辑来解释一下。我的观点是，公司的加班太多了；论据是，这不符合当代日本社会的潮流。具体说来，我上周的加班时长是16个小时，上个月的加班时长则有40个小时。所以，我觉得公司的加班太多了。"

看起来，田中的话好像遵循了'三角逻辑法'，即按照观点、论据、数据的顺序进行了说明，可大家有没有觉得，田中的说法依然有些奇怪呢？那么，让我们先来整理一下田中的观点。

观点：公司加班太多

论据：加班不符合当代社会的潮流

数据：田中上周的加班时长是16个小时，上个月的加班时长为40个小时第一个问题在于，如果田中的论据是"加班不符合当代社会的潮流"，那么就要以具体的事实解释"当代社会的潮流是什么"，并与公司的现状进行对比。例如，田中可以指出鼓励工作方式改革的相关法律出台后，各个企业推进工作与生活平衡的具体案例，再阐述本公司在这一点上没有采取任何行动的事实。

第二个问题是"主体错位"。在田中的观点中，主体是"公司"，即"我们公司加班太多了"，但给出的数据却是关于"田中"自己的加班时长。如果要说明公司加班太多，就要拿出公司整体加班时长的数据。

第三个问题涉及具体的法律法规。实际上，田中的数据不足以支撑其观点。日本劳动基准法第36条（即"36协定"）中规定了加班时长的上限——一周的加班时长上限为15小时，一个月的加班时长上限则为45小时。田中的加班时长尽管在上一周超限了，但其月度加班时长并没有违反法律规定。

综上所述，如果田中想要说服近藤科长，其观点、论据、数据就必须相互关联，而且要明确提出相关法律的具体规定。如果没有比较对象和数据，田中就无法向对方阐明问题的严重程度。例如，如果田中想说明本公司加班时间过长，便要明确这是与厚生劳动省[①]或社会机构公布的企业加班时长调研结果相比，还是和"36协定"中规定的加班时长或是竞争对手公司的加班时长相

[①] 日本中央省厅之一。

比，比较对象不同，得出的结论自然也不同（见图5-9）。

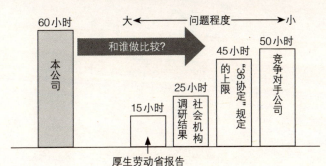

图5-9 比较对象不同，得出的结论自然不同

　　"主体错位"的情况十分常见。比如，某销售负责人向上司汇报当季销售情况，那当季数据到底是应该与"季度初制定的销售计划"进行比较，还是与"季度中调整后的销售计划"或是"去年同期销售业绩"进行比较呢？如果不明确比较对象就进行汇报，他们也就无法具体讨论对策。阐述问题的时候，你必须先明确该问题所参照的基准。

"问题"和"课题"有何不同

上一节中提到，在说明问题时必须要明确比较对象。然而，关于要探讨的"问题"，还有一点需要注意——我们需要区分"问题"和"课题"的不同。

关于"问题"和"课题"，这里并没有绝对正确的定义，我会用自己的理解来为大家整理二者的区别。先来看一个案例，A公司的田中和小野正在和上司近藤科长讨论销售情况。

场景 ▶ 出现"问题"的田中和设定"课题"的小野

田中："近藤科长，关于今年的销售情况，我想跟您沟通一下。今年年初计划5000万日元的销售目标，可能只能达成4000万日元了。"

近藤："怎么回事？距离本年度结束可只剩一个月了！该怎么填上这1000万日元的窟窿啊？看看人家小野，不仅完成了目标，而且已经在为下个年度做准备了，是吧，小野？"

小野："是的，我本年度计划的6000万日元的销售额目标已经达成，实际销售额已经达到6500万日元。现在，我已经开始为下一年度的销售活动做准备了，我将下一年的目标销售额定在了8000万日元。"

近藤："小野很厉害呀，不仅完成本年度的计划，而且还给下一年度设定了8000万日元的目标，这可是一个很有挑战性的目标啊。"

小野："是的，不能满足于现状，而且因为税率增加的影响，明年的消费市场恐怕会有些疲软，所以我现在就得开始做准备了。"

让我们一起来区分一下上述场景中的"问题"和"课题"。首先是"问题"，田中计划的年销售额是5000万日元，但最终只能完成4000万日元，还有1000万日元的任务尚未完成。这种"未达标"的情况可以称为"问题"。"问题"一旦出现，就不应该被搁置，而是需要想办法解决。在这个案例中，只要达到了5000万日元的销售额，田中就完成了计划，即可使"亏空"状态得以清零。这个过程也称为"解决问题"。

接下来是"课题"。小野的目标销售额为6000万日元，目前他已经完成了6500万日元，这是一种"已达标"状态。不过小野并不满足于现状，为了应对下个年度可能出现的问题，他已经开始准备了。小野下一年的目标销售额在今年已完成销售额的基础上又增加了1500万日元，这是相当有挑战性的目标，这个目标就是一个"课题"。在"达标"的基础上完成锦上添花的任务即为

"解决课题"。

"未达标"的情况被我们称作问题，而将未达标的"亏空"部分清零则称为"解决问题"。在现有基础上设定的更高目标可以称之为"课题"，实现这一目标即是所谓的"解决课题"。"问题"可以是过去埋下的祸根终于浮出水面，也可以是其在"水面下"恶化的情况。总之，"问题"一旦出现，不可放置不管，而应当在发现后立刻着手解决。

"课题"则不需要现在立刻解决，但由于"课题"往往设定了更高的目标，实现或解决它并不容易。

让我们用下图来说明（见图5-10）。

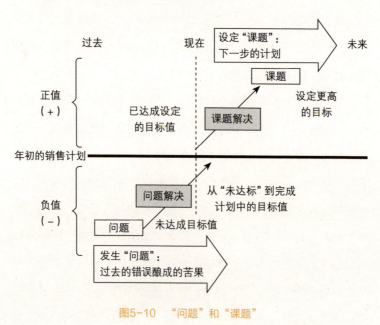

图5-10　"问题"和"课题"

发生"问题"和设定"课题"

　　本节中，我们分析了"问题"和"课题"的区别，这里再补充说明一下"发生问题"和"设定课题"的区别。

　　"发生问题"指的是 "问题"发生了，是由过去的一系列事件导致的结果，包含"问题"终于浮出水面或者"问题"在"水面下"恶化的状态。我们对这种状态不能置之不理，而是要尽早解决。

　　例如员工加班时间过长，或者有员工出现心理问题，都属于"发生问题"，需要尽快着手解决。

　　"设定课题"，是指虽有近忧但更需远虑的状态，也就是说，"课题"并非是必须立刻解决的。换言之，"课题"是未雨绸缪的"问题"，需要你自己设定目标并尽力达成。

解决问题最重要的是探明原因

在着手解决问题之前，你必须记住，绝不能随意地拿出解决方法。如果想到什么就做什么，也许偶尔能成功，但这样做无异于赌博。解决问题不能靠赌博，而是要靠细致地分析和工作，也正因如此，我们才需要掌握逻辑思维。

请看下面的场景，并思考这样解决问题是否恰当。

场景 ▶ 田中的发言并没有解决问题

小野："今天早上开始，我好像一直在发热，刚才我量了下体温，有38.5摄氏度。"

田中："天呐，明天的会议上你还有重要的讲话和演示任务呢，必须得赶紧想想办法啊，要不先喝杯感冒药试试。"

小野发热38.5摄氏度，田中提出的解决方法是不是能解决他的问题呢？喝了感冒药也许可以退烧，但这实际上也是"赌"，因为田中连小野发热的原因都没有弄清楚。

那么小野发热的原因到底是什么呢？田中认为是感冒，不过

194

发热的原因有很多，比如流感、扁桃体炎、肺炎、支气管炎、中耳炎、食物中毒、中暑等。

之前，我在第五章第三节的专栏中介绍了"Why树"，其中提到在探明原因的过程中，不能简单地只认定一个原因，而应该考虑两种或以上的可能性。另外，如果过于深究某个要素，也可能会落入"死循环"的境地。

以上述的发热案例来说，我们来看看所谓的"死循环"是怎么回事。

发热→（为什么①）因为得了流感→（为什么②）→因为没有接种流感疫苗→（为什么③）→因为忘记申请接种→（为什么④）→因为工作太忙了→（为什么⑤）→因为业务量增加了→（为什么⑥）→因为同事离职了→（为什么⑦）→因为工作太忙了……

这里我甚至已经将小野发热的原因深究到"因为同事辞职了"的地步……那么，就算我能制定出不让新同事再离职，甚至挽回前同事的职场对策，也根本无法解决小野的发热问题。而如果继续深究"同事离职了"的原因，就又会出现"工作太忙了"这种原因。这就是过于深究，从而陷入"死循环"陷阱的典型案例。上述案例中，发热直接去医院看病才是符合逻辑的。

我们再来看第五章第三节中因邮件太多而感到困扰的田中的案例，深究一下近藤科长发大量邮件的原因。

近藤科长发的邮件太多

①为什么？因为需要用邮件向田中传达指示。

②为什么？因为邮件可以留下记录。

③为什么？因为他不信任田中。

这里，我们追问了3次"为什么"，便得到了"他不信任田中"这个真正的原因。接下来，我们就考虑田中重新获得近藤科长信任的对策了。不过，如果继续深挖下去，情形会怎样呢？

近藤科长不信任田中

④为什么？因为田中总忘记上司的指示。

⑤为什么？因为田中没有将上司的指示内容记下来。

如果以追问5次"为什么"得出的结果为准，那么，近藤科长发大量邮件的原因则是"田中没有将上司的指示内容记下来"。但如果将"记好笔记"作为对策，近藤科长发的邮件数量也未必会减少——在探明原因的过程中，过于吹毛求疵也是不行的，我们需要时刻注意原本的问题是什么，并在此基础上分析原因。

解决问题的基本步骤

当今社会中，以 "解决问题" 为主题的课程和图书不计其数，我也看过许多类似的书。解决问题的手法和步骤要因人、因事而异，而且解决问题时往往也不需要过于复杂的思考。一般来说，按照 "确定问题" "分析原因" "制定对策" 三个步骤来思考，是一种既简单又可行的方法。

我在本书的第五章中提到的逻辑树，就是按照这种步骤来思考如何解决问题的。

在第五章第二节中，田中每一天都收到近200封邮件，使他完全无法专注于工作。如果田中无法找出这200封邮件的真实原因，也就无法给出对策。

针对这点，我们先使用 "Where树" 对200封邮件进行了分类，并得出近藤科长发出的邮件最多这一结论。

紧接着，在第五章第三节，关于为什么近藤科长会发那么多邮件，我们使用 "Why树" 进行了原因分析。结论是近藤科长对田中不信任。

在第五章第四节，为了帮助田中重新获得近藤科长的信任，我们使用了"How树"来考虑对策，并得出8个解决方案，为了重新获得近藤科长的信任，田中表示将会执行所有的解决方案。

以上就是关于"确定问题""分析原因""制定对策"三个步骤的说明，这个"三步走"的方法也是解决问题最简单的流程（见图5-11）。

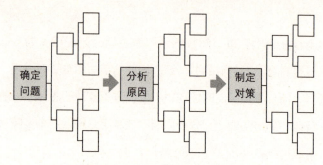

图5-11　解决问题的3个步骤

在这些步骤的基础上，我们还可以在流程中添加其他具体步骤。比如在其中加入"设定目标""安排计划""评价结果"等步骤（如图5-12）。

"设定目标"指的是，在执行对策时，要提前明确达到什么程度才算是解决问题，这是必须明确的目标。比如，之前一天近200封的邮件量，减少到一天多少封才算是解决问题，田中需要为此设定一个目标值，否则便难以对执行结果进行评价。在田中的案例中，想要将其每天所收邮件的数量变为0是不现实的，但是，如果能将近藤科长发给他的邮件减少到一天10封，每天的邮件总量减少到100封的话，是不是可以说问题得到初步解决了呢？这些量化的数据就是我们需要设定的目标。

　　"安排计划"指的是以"How树"中分析出的对策为基础，来制定具体的日程表。我们可以使用第五章第五节中学到的"5W3H框架法"，按照它来制作行动计划，就不会出现重复或遗漏。

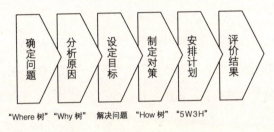

确定问题　分析原因　设定目标　制定对策　安排计划　评价结果

"Where 树"　"Why 树"　解决问题　"How 树"　"5W3H"

图5-12　解决问题的进阶步骤

　　"评价结果"指的是对解决问题的效果进行评价。在田中的案例中，对结果的评价便是确认平均每天收到的邮件数是否减少到100封或以下。

　　当然，并非遇到问题都必须按照此步骤执行。你可以根据自己遇到的问题，具体问题具体分析，但需要注意的是，不要将解决问题的步骤过于复杂化——步骤越复杂，你需要花费的时间和精力就越多，效率也可能更为低下，有时，问题还没解决，你可能就已经灰心了。

解决问题的具体操作

让我们在实际的案例中验证一下解决问题的步骤吧。

下面是A公司人事部的松下先生和中村部长的对话。A公司的年轻员工似乎存在一些职场礼仪的问题。不过，A公司解决问题的步骤似乎也有待商榷，让我们来看看到底是怎么回事。

场景 ▶ 中村部长的"拍脑袋"决定

松下："中村部长，您现在有时间吗？最近，很多客户都在投诉，说我们公司的年轻员工不懂礼貌，没有养成良好的职场礼仪，这样下去恐怕对公司业务会产生影响。"

中村："这样啊，那确实不行。既然被客户投诉，那肯定是严重到一定程度了，如果销售额因此下降，恐怕要一发不可收拾了。赶紧组织针对年轻员工的职场礼仪培训，预算方面我去想办法，你尽快着手组织，这次要严格挑选课程。"

松下："好的，交给我吧。"

在上述对话中，松下和中村部长并没有执行"确定问题"和

"分析原因"这两个步骤，中村部长的对策都是"拍脑袋"想出来的。接下来，让我们按照上一节中提到的解决问题的具体步骤进行梳理。

首先，我们通过"Where树"来"确定问题"。我们先将年轻员工以及职场礼仪的内容进行具体分类。首先从部门出发——销售部、总务部、策划部、财务部等，我们要先搞清楚是哪个部门的年轻员工存在职场礼仪问题。另外，虽说是"年经"社员，但公司的"二年级生""三年级生""四年级生"等的表现也各有不同，因此，我们也需要考虑员工的入职年限。职场礼仪也分很多种，我们需要知道A公司的年轻员工是在职场礼仪的哪方面出现了问题，是接电话不及时？面对面沟通不畅？用词不当？商务文书不规范？还是公共场所的举止欠佳？情况不同，对策也不同。

其次，我们用"Why树"来"分析原因"。上述对话中，二人并没有探究年轻员工职场礼仪失当的原因。原因有可能是年轻员工工作热情低下，也有可能是他们没有接受过相关职场礼仪的培训。当然，还可能有其他原因。

最后，便是就是利用"How树"来"制定对策"了。上述案例中，中村部长随口给出了组织培训的对策，这样随意的对策如果没有命中问题的要害，恐怕以后还会反复发生同样的问题。所以，在讨论对策前，必须好好分析原因。

在上述步骤的基础上，让我们重新推演一下如何正确地讨论问题。

场景 ▶ 根据问题的原因讨论解决方案

松下："中村部长，您现在有时间吗？最近，很多客户都在投诉，说我们公司的年轻员工不懂礼貌，没有良好的职场礼仪，这样下去恐怕对公司业务会产生影响。"

中村："这样下去确实不行啊。被投诉的员工是哪个部门的？"

松下："根据调查结果，客户的反馈主要针对销售部。"

中村："销售部可是需要直接跟客户对接的，必须采取措施。具体说来，客户觉得销售部哪些礼仪做得不够好呢？"

松下："在商务会谈时的会话用语上，年轻员工存在较大的问题，比如常和客户说'绝了''讲真'这种口头语，还有说'这样啊'的时候存在过度拉长音。"

中村："哦，可他们为什么会这么讲话呢？"

松下："入职培训时，每名新员工都经历过非常完整的培训，不应该出现商务礼仪的投诉啊。不过，据说问题好像出在销售经理们身上。"

中村："怎么回事？"

松下："因为销售经理跟客户关系都比较好，所以他们和客户说话比较随意的情况也就比较常见。而且就算是年轻员工有时用词不当，他们的经理也不会指出来。"

中村："原来是这样。他们接受了入职培训，要是不在工作中加以执行，培训也就失去了意义。松下，你觉得这个问题应该如何解决呢？"

松下："我觉得，应该针对销售经理组织开展如何管理员工的培训，让他们重新理解职场礼仪的重要性，也让他们意识到自己应该以身作则。这样一来，他们自然也能管理好手下的员工了。"

中村："说得好。尽快组织销售经理开展培训吧。费用我去想办法，你尽快着手准备。"

松下："好的，交给我吧！"

这样一来，对话便完全符合"确定问题""分析原因""制定对策"的步骤，在解决问题时，绝不能轻视每个步骤。

明确"设定目标"的标准

第五章第九节中，我对如何"设定目标"进行了说明。如果没有目标，即使你开始着手解决问题，也难以在事后判断问题是否得到了解决。因此，你必须设定"问题解决"要达到的目标。

例如，针对销售岗位的问题，可以设定目标销售额，这样就能迅速判断其是否达成目标。如果是加班问题，你可以用时间来量化。如果问题是加班时间过长，那么只要制定出新的加班时长上限并贯彻执行，我们就能够通过考勤记录判断问题是否已经得到了解决。

能够用数值表示的定量目标是比较容易理解的，不过，要是在你"设定目标"时出现了难以量化的情况，又该如何处理呢？我们来看下一个案例，A公司的管理层似乎缺乏领导力，麻生社长正在和人事部的中村部长讨论如何解决这个问题。

场景 ▶ 关于强化管理层领导力的讨论

麻生："中村，你过来一下。我们公司的管理层好像靠不住啊，我希望他们能多发挥一点领导力，你能不能想点办法？"

中村："我同意您的看法。不过，社长您说的管理层，具体指的是哪一层呢？部长？副部长？还是科长？"

麻生："嗯……科长级别吧。要是科长们都有了领导能力，其他领导层也能以他们为参考。"

中村："那么对象就定为科长。不过，为什么我们公司的科长会出现领导力不足的情况呢？"

麻生："因为大家都在看我这个公司老板的脸色行事，如果我不给出指示，他们就按兵不动。当然，也可能是我没有给他们展示自己的机会。总之，大多数科长都是在既定框架内完成工作内容，可能也没有想着要发挥自己的领导力吧。中村，从用人的角度来看，你怎么想呢？"

中村："如果是这样的话，我有一个想法。"

麻生："什么想法？说来听听。"

中村："让科长们作为负责人，各自组成项目组。每位科长与所在部门副科长、组长、主任、一般员工组成项目组。各个项目组讨论新的业务内容，并向社长展示策划案。如果策划案通过了，就需要整个组一起推进执行，这个方案可以给各个科长发挥领导力的空间，同时也能提升大家的能力。"

麻生："好主意，那我们就试试吧！"

我将上述对话整理一下。首先，麻生社长提出了公司管理层领导力不足的问题。中村部长向麻生社长确认存在问题的职级，将问题定为在科长层（Where）。随后，二人确认科长层领导能力不足的原因（Why），得出了科长一级的领导"看社长脸色行事""不会自我表现""只是在既定框架内完成业务内容""缺乏发挥领导力的动力"等理由。最终，他们在此基础上思考对策（How），决定成立以科长为负责人的项目组。

那么，这个方案应该如何进行后续的结果评估，即如何判断执行对策之后，各个科长的领导力是否提升了呢？如果组建项目组的计划落实后，科长们依然不具备领导力，就说明问题没有解决。

所以，我们需要尝试将科长的领导力进行量化。通过使用评价领导力的管理工具、组织员工进行问卷调查等方式，可以将领导力量化为数值。除了领导力，员工工作动力不足、年轻职员缺乏职场礼仪、与客户的沟通不畅等问题，也可以通过管理工具进行评估，判断问题是否已经得到了妥善的解决。

专栏 **用"SMART"设定目标**

　　"SMART"是与目标设定相关的代表性框架法，它由五个英文单词的首字母组合构成。S指的是"具体的"（Specific），抽象的目标往往不易被人理解，因此我们在设定目标时，要设定具体的、显而易见的目标。

　　M指的是"可衡量"（Measurable），即需要将目标量化，使其能够被测定，即使是对事件不知情的第三者，也可以判断目标是否已经达成。

　　A指的是"可达成"（Achievable），即应该把目标设定在可以达成的范围之内，不能为自己制定不可能完成的任务。

　　R指的是"与问题相关"（Relevant），例如，设定目标是为了实现企业的经营目标，或提高员工工作效率等，问题与目标之间的关联是十分重要的，另外还需要确认目标是否合理（Reasonable）。

　　T指的是"具有时限"（Time-bound），如果不给目标设定完成期限，相关人员在执行目标时就可能会拖拖拉拉，难以在短时间内让问题得到改善。

LOGICAL
THINKING

写在最后

当『逻辑思维』行不通时，

你该怎么办

本书为大家介绍了职场中关于逻辑思维的使用方法，但是，这些方法也并不是万能的，在这些方法可能行不通的时候，你可以尝试一下其他的思维方式。这里，我再为大家介绍3种具有代表性的思维方式。

思维方式1　不安于现状的"批判性思维"

大家听说过"温水煮青蛙"的故事吗？这个故事讲的是如果突然将青蛙扔进热水里，它就会因受惊而立刻跳走，不过，如果是扔进温水，它就不会离开。青蛙在温水中会觉得非常舒适。这时，只需用火一点点加热，等待青蛙煮熟就可以了。即便水温持续升高，习惯了温水的青蛙也不会立即感受到异常，等其察觉的时候，往往为时已晚，只能任由自己烫死在热水里了——这就是所谓的"温水煮青蛙"。当然，这只是则寓言故事。

但为了使自己不变成故事里温水中的青蛙，当你意识到有一点点异象出现的时候，我们就要立刻分辨"到底有什么地方不对劲"，并及时采取措施。不过，"温水"的环境如此惬意，人们往往不会想着立刻改变，可等问题出现时，就会悔之晚矣。在职场中，大家有没有碰到过类似的事情呢？

场景 ▶ 被"温水煮青蛙"的田中

近藤："田中，你过来一下。"

田中："怎么了，近藤科长？"

近藤："关于明年的销售计划，你有什么看法？"

田中："这几年，部门的销售额都很平稳，明年应该能达到今年成绩的102%左右吧。"

近藤："基本上就是维持现状啊。那么，为了达成这个计划，你打算怎么做呢？"

田中："维持先前的供货水平，同时确保商品库存充足。"

大家怎么看？完成目标销售额的102%，算得上是"温水煮青蛙"吗？

对这种不痛不痒的目标，我们应该进行质疑。即使自身能够维持现状，但环境却是无时无刻不在变化的。对手公司可能展开更为强劲的销售攻势，客户的态度也可能发生转变。另外，经济趋势的走向也是完全难以预测的。所以，计划仅仅是在第二年维持现状，恐怕田中想要达成目标是极为困难的，必须要在现有基础上采取更积极的行动才会有更好的成绩。

让我们回到第二章第五节，对于近藤科长的"没有销售岗经验的人不能做我们公司的销售"的观点，大家又怎么看呢？近藤科长正是因为拥有丰富的销售经验，才会这么想，可是，过去的经验是否适用于当下，恐怕要另当别论。即便没有销售经验，只要有卓越的沟通能力，同样可以活跃在销售岗位上。我们要对"过去的经验规则是理所应当的"这种想法随时保持警惕。

　　将一直以来都存在的事物或观点看作理所当然，这种态度在职场上十分常见。在之前的工作中，我的一个助手需要每天收集数据，再处理这些庞大的数据将其加工成日报，这需要花费他大量的时间和精力。这项工作一直作为他日常工作的一部分，直到有一天，我的另一个助手问他："这个日报，真的需要天天做吗？"

　　听到这个疑问，大家的想法是，因为部长要检查工作，所以日报是必要的。但是，将此疑问汇报给部长后，我们却得到了部长否定的回答。这时候大家才知道，对于我们的业务而言，日报并不是推动业务的关键。

　　马上，制作日报这项工作内容被废除，先前负责撰写日报的助手被分配了其他工作，得益于此，公司人手不足的情况也得到了改善，不需要额外招新了。

　　人手不够时，就应该招人——在这样武断地下结论之前，应该先对现状提出疑问并思考现有的工作方式，这就是批判性思维。

批判性思维

大家听过批判性思维（Critical Thinking）这个说法吗？从单词的语义上看，Critical 有"批判""批评"的意思。所以，批判性思维经常被误认为是批评，其实不然，它是基于标准的、有辨识能力的判断。人们在进行"批判"时，通常主要包含以下两个方面。

一个是当下的做法或规则，即人们认为理所当然的事。我们不能因循守旧、安于现状，而要时常批判性地思考和质疑"一直这样做就可以吗""有没有更好的方法"。

另一个则是我们自身的思维，应该批判性地看待自己是否进行了有逻辑的思考。

逻辑思维和批判性思维经常被混淆，其实，逻辑思维指的是"正确思考的思维方式"，而批判性思维则是"合理质疑的思维方式"。如果现状没有被打破，人们一般是不会主动对现状进行"批判"的，也很少有人会开展批判性的自省。但是，如果忽略了批判性思维，人们就容易墨守成规、故步自封，难于创新。

思维方式2　跳出固有概念，掌握"横向思维"

逻辑思维中，深入挖掘式的思维方式和全方位审视、避免遗漏的思维方式都十分重要。同时拥有二者的典型思维方式就是"逻辑树"——通过逐层递进，"逻辑树"能够深入挖掘思维的纵深，又可以用横向比较来确认是否有遗漏或重复。

这里我们以A公司产品部高桥科长的案例为例。高桥科长自加入公司以来，一直从事电视产品的开发工作，迄今为止做出过很多爆款产品。他对于画质、音质等都有自己的品质要求，由他主持研发的产品可谓叫好又叫座。

但是，随着电视行业的行情下行，公司的销售额和之前相比也在持续减少。高桥科长尝试着研发出更高性能的产品，可是不论新品质量有多好，销售额也不见上涨。麻生社长给出指示说，既然考虑到销售额，就不必拘泥于电视产品。之前一心扑在电视生产线上的高桥科长，此时突然不知道该怎么办了。

将上述状况整理为下图后，我们就能十分清晰地发现，高桥科长只专注于电视品类，并始终想在这个领域深耕——这种深入挖掘的思维方式被称为"纵向思维"（Vertical Thinking），这种思维方式与"逻辑树"相同（本书中的逻辑树通常为横向展开，但也可以纵向展开）。

在电视领域继续深入挖掘，不仅要更加专注于画质、音质，还要开发电视的其他功能，这是我们先前强调过的不重不漏的"MECE法则"。

接受了麻生社长"不要拘泥于电视"指示的高桥科长重整心情，将视线投向其他的家电产品，这就是"横向思维"（Lateral Thinking），如图6-1所示。

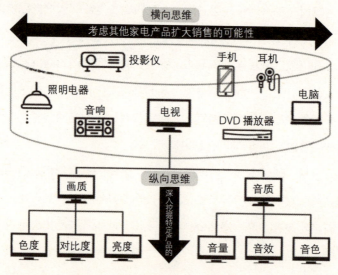

图6-1 "纵向思维"与"横向思维"①

"横向思维"指的是，不拘泥于眼前的事物框架，进行广泛思考、拓宽多种可能性的思维活动。不过，虽然高桥科长考虑了DVD播放器、电脑、手机等各种电子产品的研发，但这些产品的市场竞争早已经非常激烈，就算现在投入开发，也会被卷入市场的巨浪中。

高桥科长再次陷入迷茫。实际上，高桥科长可以将思考的范围继续扩大，不局限于家电产品这些"硬件"，他还可以考虑视频直播、音乐软件、游戏项目等这些"软件"选项（见图6-2）。

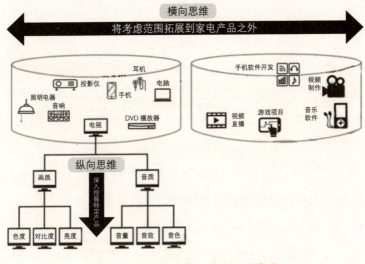

图6-2 "纵向思维"与"横向思维"②

"纵向思维"的优点是可以针对某个对象深入思考，缺点则是有可能难以突破固有模式，从而错过其他可能的选项。"横向思维"的过程是不设限的，因此这个过程可以无限展开，但也会存在过于宽泛而不够聚焦的问题。

专栏　　　**"横向思维"**

　　"横向思维"由爱德华·德·波诺（Edward de Bono）提出，是一种鼓励我们跳脱固有观念的创造性思维方式。德波诺曾表示过这样的观点：正是'纵向思维'的这种局限性，所以我们才需要'横向思维'。这就是说我们既要沿着一个洞穴不断深挖下去，也要在别的地方寻找新的洞穴。

　　打个比方，所谓逻辑思维，就是让我们能够将洞穴挖大、挖深的工具，但如果我们选择挖洞的地点本身就是错的，那么，就算不断改良挖掘方式，也不可能成功。这时就要及时止损，换一种思维方法。"纵向思维"就好比是将同一洞穴挖得更深，而"横向思维"则好比是在其他地方重新开挖，换种方式达成目标。

　　在"逻辑树"中，我们讨论了正确挖掘洞穴的诸多方法，但是，有时候另寻洞穴也能让我们达成目标。

思维方式 3　让一切归零

我们已经讨论了各种各样的思维方式，但它们都有一个共同的"短板"，即我们的"自我"。来看一个案例：A 公司人事部的松下先生和上司中村部长正在对话。

场景 ▶ 无法突破"自我"的中村部长①

松下："中村部长，您现在有时间吗？"

中村："怎么了，松下？"

松下："关于前几天麻生社长的指示……"

中村："哦，最近职员工作热情不足，社长想让人事部想想对策，对吧？"

松下："是的，我想了一些对策。"

中村："说来听听。"

松下："您觉得举办一次公司内部运动会怎么样？"

中村："唔，不行。"

松下："啊，为什么呢？"

中村："5 年前，我已经做过相同的提案，结果遭到公司内部一致反对，说什么'这个岁数了不想跑步''受伤了怎么办''中暑了怎么办''员工运动会简直就是老古董'之类的，现在想起来都觉得心烦。"

松下："但是，最近重新开始举办运动会的公司好像也不少。"

中村："总之，我们公司应该不行。"

这便是被失败经验影响的经典案例，像中村部长这样，以过去的失败经验作为对当今事物判断的依据，显然无法积极地推进讨论。

场景 ▶ 无法突破"自我"的中村部长②

松下："中村部长，那导入360度评价系统这个想法怎么样？关于不同层级管理层的领导力方面等，不仅是其上司，其下属员工们也可以参与评价。"

中村："这个也比较困难。"

松下："为什么呢？"

中村："我们公司现在的评价制度，是我8年前刚调到人事部的时候制定的，因为制度简洁明了，当时还被社长表扬了。职员们对制度的评价也很高，现在也执行得很好。"

这则是被成功经验所蒙蔽的案例——总认为过去成功的经验是正确的，即使周围环境发生改变，也不会重新思考。

　　这些都是中村部长思考的屏障，即总被过去的成功或失败经验影响，从而无法接纳其他的想法和创意。因此，即便松下陈述了看似不错的想法，事情也不会有任何改变。其实，我们很多人都会像中村部长这样，容易受到过去经验的影响。

　　逻辑思维中学习过的"框架法"，其优点在于可以不重不漏地看待事物，但另一方面，正因为按照框架进行思考，所以难有既定框架外的新突破。因此，在活用框架法时，我们也需要运用横向思维帮助我们认识问题、解决问题。

零基思考（Zero-Based Thinking）

　　所谓"零基思考"，就是摆脱既有框架，回到没有任何预设的白纸状态，来重新思考事物。我们大家在至今为止的人生中，一定积累过很多经验。这些经验中，既有成功经验也有失败经验，而通过这些经验积攒下来的知识，总会有意无意地影响我们对事物的判断。

　　除了自身经验，我们在思考事物时，还会受到一般常识、规则、历史、组织构成、自身角色等影响。同样，价值观也会制约我们的思考。这些因素让我们的思考变得狭隘，难以诞生新的想法，也难以有新的突破或变革。为了不陷入这种状态，将一切重新归零的逻辑思维是十分重要的，这就是所谓的"零基思考"。

　　尽量不给自己设限、跳脱既有框架的思考方式是十分必要的。